Im zweiten Band der Reihe *Passagen Gespräche* liefert Colin Crouch im Gespräch mit Peter Engelmann eine Diagnose der gegenwärtigen politischen und sozioökonomischen Situation. Crouch zeigt auf, warum die Wahlfreiheit als Grundbedingung einer funktionierenden Marktwirtschaft immer an Regulierungsinstanzen gekoppelt sein muss, um Monopolisierungsprozessen entgegenzuwirken. Diskutiert werden auch potenzielle Akteure eines gesellschaftlichen Wandels. Warum setzt Crouch auf die Sozialdemokratie, um die Auswüchse neoliberaler Politik einzudämmen? Welche Rolle haben zivilgesellschaftliche Bewegungen, die, anders als Parteien, nicht demokratisch legitimiert sind? Welche Möglichkeiten der (nationalstaatlichen) Einflussnahme gibt es angesichts einer globalisierten Wirtschaft? Wie begegnet man dem demografischen Wandel und der Prekarisierung von Arbeitsverhältnissen? Dabei geht Crouch auch auf die Rolle einzelner Staaten im globalen Kontext ein: die USA als Weltmacht, die nordeuropäischen Staaten, die für Crouch Modellcharakter haben, die asiatischen Länder, deren kapitalistisches Wirtschaftssystem nicht an eine demokratische Staatsform gekoppelt ist.

Colin Crouch, britischer Soziologe und Politikwissenschaftler, ist emeritierter Professor für Governance and Public Management an der University of Warwick. Er wurde durch seine zeitdiagnostischen Arbeit zur Postdemokratie international bekannt und gilt als einer der profiliertesten Kritiker neoliberalen Denkens.
Peter Engelmann ist Verleger, Philosoph und Herausgeber zahlreicher Texte der französischen Philosophen der Postmoderne und der Dekonstruktion.

MARKT UND MORAL

PASSAGEN GESPRÄCHE

Colin Crouch

Markt und Moral

Im Gespräch mit Peter Engelmann

Aus dem Englischen von
Georg Bauer

Herausgegeben von
Peter Engelmann

Passagen Verlag

Deutsche Erstausgabe
Aus dem Englischen von Georg Bauer

Realisiert mit freundlicher Unterstützung der Kulturabteilung der Stadt Wien, MA 7, Wissenschafts- und Forschungsförderung.

Die Deutsche Bibliothek verzeichnet diese Publikation in der Deutschen Nationalbibliografie; detaillierte bibliografische Daten sind im Internet über http://www.dnb.de/ abrufbar.

ISBN 978-3-7092-0110-7

http://www.passagen.at
Grafisches Konzept: Ecke Bonk, Gregor Eichinger
Fotografien: Marina Faust
Satz: Passagen Verlag Ges. m. b. H., Wien
Druck: Ferdinand Berger & Söhne GmbH, 3580 Horn

Inhalt

Erstes Gespräch

Das Problem des Neoliberalismus

Peter Engelmann: Colin, ich würde vorschlagen, dass wir drei Themenbereiche behandeln: Der erste wäre deine grundsätzliche Diagnose beziehungsweise Analyse der gegenwärtigen politischen und sozioökonomischen Situation. Ein weiterer Themenbereich sollte sich mit der Frage nach den Akteuren auseinandersetzen, die einen Wandel herbeiführen können: Wer ist heute überhaupt in der Lage, sich für soziale Gerechtigkeit einzusetzen? Diese Diskussion könnten wir ergänzen um die Frage nach den konkreten Maßnahmen und Möglichkeiten, um einen Wandel herbeizuführen. Dabei sollten wir auch auf die Lage in einzelnen Staaten eingehen und auch deren Rolle im globalen Kontext nicht außer Acht lassen. Ich denke vor allem an die Vereinigten Staaten als Weltmacht oder an die nordwesteuropäischen Staaten, die du häufig als Modell heranziehst. Zur derzeitigen Situation: Deine Ausgangsthese ist, dass das Scheitern des real existierenden Kommunismus 1989 gezeigt habe, dass es keine Alternative zur Marktwirtschaft gebe und dass wir versuchen müssten, soziale Gerechtigkeit innerhalb dieses Wirtschaftssystems zu implementieren. Vielleicht können wir mit deiner Definition von Neoliberalismus als ideologisches Schema für die derzeitige ökonomische und soziale Situation beginnen.

Colin Crouch: Ja, der Neoliberalismus hat in der Tat die Funktion einer Leitideologie. Für Wirtschaftstheoretiker und amtierende Politiker – also Entscheidungsträger – bietet er Rezepte dafür, was bei auftretenden Problemen zu tun ist. Er ähnelt dem Marxismus oder der katholischen Kirche darin, dass er stets eine Argumentation parat hält, die einer perfekten Logik folgt, vorausgesetzt, man akzeptiert die Prämisse. Und man kann daraus Ideen entwickeln, wie man nach dieser Logik handeln soll. Die Prämisse des Neoliberalismus lautet, dass die Schaffung neuer Märkte unweigerlich zu Verbesserungen führt, da es den Menschen die Freiheit gibt zu wählen und dass die so geschaffene Konkurrenz die Marktteilnehmer zu mehr Effizienz zwingt. Damit führt er zu einer besseren Nutzung von Ressourcen und zu weniger Verschleiß. Er ist eine Agenda zur Weltverbesserung. In dieser Darstellung liegen einige wichtige Wahrheiten, weil die Wahlfreiheit eine wichtige Ergänzung zur Demokratie ist; sie passt auch gut in eine Welt, in der wir keine Hierarchien akzeptieren. Schlussendlich wird sogar behauptet, der Markt könne moralische Probleme lösen. Erstens, wenn das Leben effizienter gestaltet wird, kann man Ressourcen vergrößern, wodurch man auch den Handlungsspielraum der Menschen vergrößert. Zweitens finden Menschen, die die freie Wahl haben, womöglich ihren eigenen moralischen Weg, wenn sie das denn wollen. Das ist selbstverständlich ein extremer moralischer Relativismus, aber ein Charakteristikum unserer Zeit.

Peter Engelmann: Oh ja.

Colin Crouch: Aber hierin steckt auch eine moralische Aussage, nämlich über Freiheit und Diversität. Und das ist einer der Gründe, warum der Neoliberalismus so attraktiv ist. Auch der andere Punkt, nämlich die Effizienzsteigerung durch den Wettbewerb und die Notwendigkeit, gegeneinander anzutreten, um besser zu werden, setzt uns wirklich unter Leistungsdruck. Im Neoliberalismus finden sich wichtige Wahrheiten. Aber er stellt uns auch vor zwei besonders große Probleme. Das erste ist das Konzept negativer Externalitäten, auf das wir später zurückkommen sollten. Dies wird zwar in der Wirtschaftstheorie erkannt, aber nur in begrenztem Ausmaß. Das zweite ist die Unsicherheit innerhalb der neoliberalen Theorie, ob der freie Markt den Wettbewerb als permanentes Merkmal braucht, oder ob man akzeptiert, dass das Endergebnis jeden Wettbewerbs das Monopol der Sieger ist.[1] Ist ersteres der Fall, so bedarf es in der freien Marktwirtschaft eines gehörigen Maßes an Intervention der öffentlichen Hand, da es die natürliche Tendenz des Wettbewerbsprozesses ist, zu Marktkonzentration zu führen. Akzeptiert man, dass sich die Konzentration ungebremst entwickeln soll – die zweite Option also –, dann muss man auch akzeptieren, dass das Ende des Wettbewerbs seine eigene Zerstörung ist und somit auch die Auflösung der Wahlfreiheit, die für dieses Modell ja zunächst grundlegend war. Dies führt zu genau jener Politisierung der Wirtschaft, die das Akzeptieren der Marktkonzentration vermeiden will, da die Inhaber der Monopolmacht – die Großkonzerne – Ressourcen in Reserve haben, mit denen sie politische Aktivitäten finanzieren können. Großkonzerne können auch leicht das Problem der Kollektivmaßnahmen lösen, das sonst den Rahmen jeglicher politischen Aktivität beschränkt.[2] Wenn Arbeiter, Konsumenten oder Klein- und Mittelbetriebe politisches Lobbying betreiben möchten, müssen sie zuerst potenzielle Mitglieder davon überzeugen, einer Organisation beizutreten und diese mit Beiträgen zu unterstützen. Ein einzelner Großkonzern kann dasselbe mit einem zentralen Beschluss erreichen, eine Lobbyingabteilung einzurichten und die Finanzierung für diese Abteilung bereitzustellen.

Peter Engelmann: Das ist ein sehr wichtiger Punkt, wenn man sich die Weltwirtschaft heute ansieht, die sehr konzentriert ist und von supranationalen Konzernen monopolisiert wird.

Colin Crouch: In gewissen Wirtschaftssektoren, ja.

Peter Engelmann: In bedeutenden Sektoren.

Colin Crouch: In maßgeblichen Bereichen, in der Tat: Das Bankwesen, die Pharmaindustrie, die Massenproduktion von Nahrungsmitteln ... Und diese Konzentration wirft nicht nur wirtschaftliche Probleme auf, weil sie das Modell der Wahlfreiheit zerstört, sondern betrifft auch diesen zweiten Aspekt, dass monopolistische wirtschaftliche Macht starke politische Beeinflussung ermöglicht, die wiederum missbraucht wird, um den Markt zu korrumpieren und Privilegien einzuheimsen, was das Herz des Neoliberalismus zerstört.

Peter Engelmann: Man kann also sagen, dass der Neoliberalismus sich durch seine eigenen Widersprüche selbst zerstört.

Colin Crouch: Wie Marx immer wieder gesagt hat, ja. (*lacht*)

Peter Engelmann: Ich habe jetzt tatsächlich an Marx gedacht. Im dritten Band des *Kapitals* geht es doch um diese Konzentrationsprozesse, nicht wahr?

Colin Crouch: Ja, genau! Was aber Marx nie erkannte, war die Fähigkeit von Menschen, auf ihre Probleme zu reagieren, es sei denn innerhalb großer historischer Prozesse. Sein Modell des geschichtlichen Wandels ist in Wirklichkeit der letzte große Ausdruck einer theokratischen Weltauffassung. Der Gedanke, dass große historische Bewegungen auf irgendein finales *dénouement* hinauslaufen, entspringt einer im Wesentlichen religiösen Haltung. Mit einer vollkommen säkularen Einstellung denkt man nicht nur in Begriffen wie großen Systemumbrüchen; wir sehen die Fähigkeit einzelner Menschen und Gruppen, sich fortwährend anzupassen, sodass sich ein System schließlich grundlegend in seinem Charakter verändern kann, ganz ohne große, weltbewegende Momente.

Peter Engelmann: Das ist sehr interessant. Dieser Punkt erinnert mich an eine Diskussion, die ich mit Alain Badiou hatte,[3] der sich, wie du weißt, für die Idee des Kommunismus einsetzt. Das Problem, das ich im Kommunismus sehe, ist genau das, was du soeben erwähnt hast, was du religiöse Geschichtsauffassungen genannt hast. Du dagegen begreifst sozialen Wandel nicht als Gebot eines omnipotenten Systems, sondern viel individualisierter – als kleinere, zeitlich und geografisch begrenzte, von Einzelpersonen ins Rollen gebrachte Prozesse. Dahinter stehen zwei philosophische Diskurse: Einer besteht darauf, dass es eine allgemeine Idee gibt, der alle zu folgen haben. In einem religiösen Kontext ist es Gott, der vorgibt, was zu tun ist. Im Kommunismus zum Beispiel ist dieser Gedanke säkularisiert, die Struktur ist aber die gleiche. Auf politischer Ebene führt dieser Diskurs zu einem totalitären Regime, da jeder, der anders ist oder dieser Idee nicht folgt, eine Gefahr für das darstellt, was als das Allgemeinwohl wahrgenommen wird, und daher beseitigt werden muss. Die Geschichte der Sowjetunion hat das gezeigt. Was ich deinen Ausführungen entnehme, ist, dass du Differenz als die Grundlage von allem siehst, als Ausgangspunkt, der nicht nur auf der Ebene wirtschaftlicher und politischer Strukturen wichtig, sondern auch eine grundsätzliche philosophische Haltung ist. Würdest du mir zustimmen?

Colin Crouch: Ja, auf jeden Fall, und darum ist auch der Neoliberalismus ein interessanter Fall, weil er, trotz seiner augenscheinlichen Offenheit gegenüber Wahlmöglichkeit und Veränderung, die die Idee des Marktes impliziert, viele dieser totalitarisierenden Tendenzen teilt. Margaret Thatcher wiederholte bekanntlich oft den Spruch: „There is no alternative" – was später als TINA bekannt wurde. Es gibt diesen einen Weg und das ist der einzige Weg. Der Neoliberalismus ist eine Art säkularisierte Religion, weil er sagt: Wenn du eine Reihe einfacher Prinzipien der freien Marktwirtschaft befolgst, wendet sich alles zum Besten und damit schaffst du eine Welt, zu der es keine bessere Alternative gibt. Und Menschen, die die Dinge anders machen wollen, behindern Wahlfreiheit und Effizienz. Aber weil der Neoliberalismus auf diesem Konzept der marktwirtschaftlichen Entscheidungsfreiheit fußt, wird sein Totalitarismus immer eine Grenze haben. Er wird immer weniger gefährlich sein als andere Totalitarismen. Wenn wir uns also einen Totalitarismus aussuchen müssten, wäre dieser wahrscheinlich der beste. (*lacht*) Der Neoliberalismus ist fähiger als der Faschismus oder der Kommunismus, Kritik von innen zu akzeptieren. Hört er auf dies zu tun und verschließt sich dem internen Widerspruch, wird es problematisch. In meinem Buch *Jenseits des Neoliberalismus* zitiere ich eine Textstelle, die ich sehr gerne mag, aus Ralf Dahrendorfs Buch, ein Brief, den er an jemanden in Polen geschrieben hat: „Wenn der Kapitalismus ein System ist, dann müssen wir ihn ebenso hart bekämpfen, wie der Kommunismus bekämpft werden mußte."[4] Das ist typisch Dahrendorf, diese Ironie in der Aussage: „Wenn er ein System ist." Offenkundig sehen ihn die Anhänger der freien Marktwirtschaft ja genau als System. Für Dahrendorf haben alle Systeme das Potenzial, totalitär zu werden. Wenn wir sehen, dass wir in ein System eingetreten sind, müssen wir um die Möglichkeit kämpfen, es zu kritisieren, darin Veränderungen zu bewirken und es sogar notfalls auch aufzubrechen, damit es sich nicht verschließt. Also ja, hier finden sich sowohl philosophische als auch organisatorische Ansatzpunkte.

Peter Engelmann: Wie du weißt, bin ich weder Ökonom noch Politologe, sondern Philosoph. Was mich daher an deinem Buch besonders interessiert, ist, dass dein Denken auf dem Konzept der Wahlfreiheit aufbaut. Wenn man die Wahlfreiheit nicht akzeptiert, führt das schnell zu einem extremen Totalitarismus. Diesen riskiert man auch, wenn man Wahlfreiheit als grundlegende Struktur akzeptiert, aber gleichzeitig ermöglicht sie eine systemimmanente Kritik am System. Sie gibt die Möglichkeit, Machtstrukturen innerhalb des Systems zu bekämpfen.

Colin Crouch: Das stimmt, und sie hat auch die Kapazität dazu.

Peter Engelmann: Wie du weißt, hat Jacques Derrida jahrzehntelang daran gearbeitet, in der Philosophie, eine Möglichkeit zu etablieren, die Differenz als grundlegendes Konzept zu denken. Daher glaube ich, dass Derrida der wichtigste philosophische Denker unserer Zeit ist.

Colin Crouch: Ja, ich habe denselben Zugang durch den Einfluss Karl Poppers. Als ich ein Student an der London School of Economics war, in den 1960er Jahren, war Popper noch sehr aktiv. In Wirklichkeit konnte er Kollegen gegenüber sehr intolerant sein, die ihm widersprachen, aber seine Philosophie war, dass man jederzeit daran zweifeln sollte, dass das eigene Wissen – selbst das wissenschaftliche – richtig wäre, und dass man totalen Systemen stets feindlich gesinnt sein sollte. Er hatte enormen Einfluss auf den jungen Dahrendorf, der in den 1950er Jahren an der LSE studierte und, wie Popper, sowohl das Naziregime als auch den Staatssozialismus in Deutschland erlebt hatte. Popper soll einmal *Plato = Hitler* auf die Tafel geschrieben haben. Also, das ist natürlich ein ungeheuerliches Statement, aber es beruht auf demselben Gedanken, dass jemand gefährlich ist, der ein totales System entwickeln will.

Peter Engelmann: Absolut. Was mich interessiert, ist eine Philosophie, die sich dieser singulären Idee widersetzt, die alle befolgen müssen. Es ist ein religiöses, aber auch ein Konzept der westlichen Philosophie.

Colin Crouch: Das liegt natürlich daran, dass westliches Denken so viele Jahrhunderte lang entweder innerhalb der Kirche oder gegen sie stattfinden musste. Während der gesamten Entstehungszeit der poströmischen westlichen Mentalität dominierte die Kirche den intellektuellen Bereich, und die Universitäten waren Teil der Kirche. Dahinter stand das eher totalitäre Konzept, dass Gott gewisse Dinge festgelegt und mit der Kirche ein Instrument auf Erden habe, das uns stets sagt, was Sein Wille sei, und dass die säkulare Geschichte irgendwann ein Ende haben und Gott mit einem Jüngsten Gericht auf finale Art und Weise eingreifen werde. Diese Mentalität bestand mit Sicherheit geradezu unangefochten bis ins 16. Jahrhundert. Und dann begannen Leute, sie zu kritisieren.

Peter Engelmann: Derrida geht sogar noch weiter. Für ihn liegt diese totalitäre Struktur bereits im Wesen der Sprache. Daher seine zunächst vielleicht seltsam anmutenden Ansätze der Analyse sprachlicher Bedeutungskonstitution – etwa sein Konzept der *différance* – aber es ist nicht seltsam, weil seine Arbeit darauf abzielt, den Prozess der Signifikation als einen zu denken, dem kein vorsprachliches Signifikat vorausgeht, das dann in der Sprache zu repräsentieren wäre. All dies zielt darauf ab, totalitären Strukturen entgegenzuwirken. So hat das Derrida explizit gesagt. Jede Form von Positionierung birgt die Gefahr, totalitär zu werden, sei es in der Religion oder in der Philosophie. Und mein Eindruck ist, dass es eine Parallele gibt zwischen dem Insistieren auf Wahlfreiheit in ökonomischen, sozialen und politischen Strukturen und Derridas Ansatz der Differenz als grundlegendes Konzept. Was natürlich ein Widerspruch in sich selbst ist.

Colin Crouch: Ja, obwohl die liberale Theorie, die Philosophie der Wissenschaft und die dekonstruktivistische Sprachphilosophie aus sehr unterschiedlichen Richtungen kommen, teilen sie wichtige Eigenschaften. Alle drei betonen die grundlegende Ungewissheit von Wissen und der Versuche, die Welt zu verstehen sowie die daraus folgende Notwendigkeit einer fortwährenden Offenheit, der Förderung von Diversität, Innovation und Skepsis gegenüber etablierten Autoritäten. Und Liberalismus und Dekonstruktion – aber nicht zwingend die Philosophie der Wissenschaft – besagen auch, dass das Erreichen eines ausgemachten Endes der Ungewissheit ein negatives Ergebnis wäre, das zu Intoleranz gegenüber dem Unorthodoxen und derjenigen führt, die Autorität infrage stellen.

Peter Engelmann: Das Problem mit der Dekonstruktion ist es allerdings, dass viele ihre Relevanz für eine kritische politische Reflexion nicht sehen. In deiner Arbeit hingegen ist dieser lebensweltliche und praktische Bezug ganz offensichtlich. Und das ist für die Leser sehr ansprechend. Aber kommen wir zum Neoliberalismus zurück. In deinem Buch *Jenseits des Neoliberalismus* unterscheidest du drei Arten des Neoliberalismus.

Colin Crouch: Ja, für mich ist der Ausgangspunkt der erste, reine Neoliberalismus, dieses Modell, dass der Markt davon ausgeht, dass sich Marktförmiges stetig verbessert – was Ökonomen selbstverständlich nicht nur auf das anwenden, was wir normalerweise unter der Wirtschaft verstehen. Sie werden es auch auf Familie und Ehe und andere menschliche Beziehungen umlegen.[5] Sie glauben, sie haben ein Modell, das sie auf alles anwenden können.

Ich würde mich zu der von mir so bezeichneten zweiten Art des Neoliberalismus bekennen, und dort sehe ich auch den Platz für das sozialdemokratische Denken. Dort sagen wir nämlich: Ja, wir akzeptieren und verstehen die Werte von Märkten und was wir mit ihnen erreichen können, aber sie haben auch zwei negative Tendenzen. Zum einen gibt es viele wichtige menschliche Werte, die der Markt nicht einbezieht oder nicht einbeziehen kann oder sogar zerstört, wenn es keine Eingriffe von außen gibt – das ist das Problem der negativen Externalitäten. Und zweitens schafft der sich selbst überlassene Markt Ungleichheit – nicht nur bei Reichtum und Einkommen, sondern auch bei der Machtverteilung –, die schlussendlich seine eigenen Voraussetzungen zerstört. Die zweite Art des Neoliberalismus ist eine kritische, die zwar vom Markt ausgeht, aber bereit ist, Kritik zu üben und Interventionsbedarf zu erkennen. Diese zweite Art stellt kein System dar – was, wie du sagen würdest, gut ist, uns aber deshalb auch vor Probleme stellt.

Die dritte Art des Neoliberalismus ist jene, mit der wir, meine ich, heutzutage konfrontiert sind, also jener tatsächlich existierende Neoliberalismus, in dem wir keine Herrschaft des freien Marktes haben, sondern wichtige Wirtschaftssektoren von Oligopolisierung und Monopolisierung beherrscht werden, wodurch das Wahlmodell eingeschränkt und politisiert wird. Also ist das, was ich die dritte Art des Neoliberalismus nenne, eine, die sich nicht direkt als solche zu bezeichnen wagt, sondern vorgibt, die erste Art zu sein. Ich habe erst kürzlich versucht darzustellen, wie eine normative Theorie auszusehen hätte, die eine Vorherrschaft der Konzerne verteidigte, sollten ihre Vertreter bereit sein, damit an die Öffentlichkeit zu gehen.

Peter Engelmann: Die die Vorherrschaft der Konzerne verteidigt?

Colin Crouch: Ja, ich habe mich gefragt: Wie könnte man vorgehen, wenn man eine normative Theorie aufstellen wollte, die die Beherrschung der Weltwirtschaft durch Großkonzerne verteidigt?[6] Und ich bediene mich dabei verschiedener Ideen und Prozesse, die bereits im wirtschaftlichen und unternehmerischen Denken vorhanden sind. Ich nehme drei Themenbereiche her. Den ersten habe ich in meinem Buch über das Überleben des Neoliberalismus entwickelt.[7] Er setzt sich mit der Kartellgesetzrevision nach amerikanischem Recht auseinander, die Gründe fand, die Vorherrschaft großer Konzerne aufgrund ihrer überlegenen Effizienz zu unterstützen.[8] Im Zuge dieses Arguments kann auch behauptet werden, dass das Wohl der Verbraucher wichtiger ist als ihre Wahlmöglichkeit, was ein zutiefst paternalistischer Gedanke ist. Wer entscheidet, was das Wohl der Verbraucher ist? Nach dieser Theorie entscheiden das Konzernjuristen und Handelsrichter. Das Argument lautet: weniger Wettbewerb bedeutet üblicherweise höhere Effizienz – da, so wird argumentiert, Konzerne nur dann größer als ihre Rivalen werden und diese übernehmen können, wenn sie effizienter sind. Dann wird argumentiert, dass es unmöglich sei, Effizienz abzulehnen, denn Effizienz abzulehnen bedeute, eine ärmere Welt zu wollen, und das dürfe man doch nicht. Nun gibt es wirtschaftstechnische Gegenargumente zu der Position, dass das Ende des Wettbewerbs durch Größe immer auf Effizienz hinauslaufe, aber das ist ein anderes Thema. Hier geht es mir um den Aufbau von Theorieelementen, die Konzernmacht rechtfertigen, nicht kritisieren.

Den zweiten Schritt meiner Argumentation entnehme ich der Theorie der Öffentlichen Reformverwaltung (*Public Management Theory*), die in den letzten zwanzig Jahren sehr dominant gewesen ist und für die sich die OECD und andere internationale Organisationen offiziell eingesetzt haben.[9] Das fängt mit der Annahme an, dass Regierungen weitaus weniger effizient seien als Privatunternehmer, weil sie sich keinem Wettbewerb stellen müssen; daher müssten Wege gefunden werden, den öffentlichen Sektor immer mehr der Privatwirtschaft anzugleichen. Dies führt dazu, dass Menschen aus dem Unternehmensbereich im öffentlichen Sektor und im Staat immer mehr Macht bekommen, ob nun als Lobbyisten, als zur Verfügung gestelltes Personal, Berater oder Auftragnehmer für öffentliche Dienstleistungen. Das wiederum legitimiert die Politisierung von Wirtschaftsmacht. Und das widerspricht ganz grundlegend Adam Smiths Regel, dass in einer wahren Marktwirtschaft wirtschaftliche und politische Macht getrennt bleiben müssen. Dies wurde subtil und implizit zu folgendem uminterpretiert: Wirtschaft und Konzerne können und sollen sogar im Staat intervenieren, aber nicht umgekehrt.

Der dritte Teil der Theorie bedient sich der sozialen Verantwortung der Unternehmen, die besagt, dass diese Großkonzerne sowohl das Recht als auch die Pflicht haben, sich wie Bürger zu verhalten und politisch zu handeln. Wenn man diese drei Elemente nun zusammen nimmt, kann man eine normative Theorie entwickeln, die sagt: Die beste aller Welten ist eine, die von jenen Konzernen beherrscht wird, die sich am Anfang im Wettbewerb bewiesen konnten, indem sie ihre Rivalen besiegten und so zu Monopolisten wurden. Und es wäre eine bessere Welt, wenn diese Konzerne auch großen politischen Einfluss hätten. Solch eine Theorie entspräche nicht mehr einem wahren Neoliberalismus, aber sie würde dem Neoliberalismus entstammen, da es bei der freien Marktwirtschaft immer um dieselbe Frage geht: Bedeutet die Logik des freien Marktes, dass man dem Wettbewerb zugesteht, zu einem Ende des Wettbewerbs zu führen? Oder impliziert sie, wie der Ordoliberalismus oder das Kartellrecht in Amerika, dass das Gesetz immer wieder intervenieren muss, damit der Wettbewerb bestehen bleibt?

Peter Engelmann: Also ist unsere Realität des Neoliberalismus nicht reiner Neoliberalismus, sondern immer von politischen Entscheidungen beeinflusst und gelenkt?

Colin Crouch: Ja, und all das, gewissermaßen, aufgrund von folgendem grundsätzlichen philosophischen Problem: Folgt man Hayek[10] mit der Behauptung, dass Menschen, wenn sie sich selbst überlassen sind, Märkte und freien

Wettbewerb schaffen? Oder folgt man Hobbes mit seiner Aussage, dass Menschen, wenn sie sich selbst überlassen sind, kämpfen und töten? Vertritt man den hayekschen Standpunkt, kann man behaupten, dass die Menschen den Staat nicht wirklich brauchen und auch das Gesetz nicht brauchen; sich selbst überlassen, treffen sie private Vereinbarungen, die sie mit marktwirtschaftlichen Maßnahmen durchsetzen. Nach dieser Logik hätten es Regierungen in aller Welt eigentlich gar nicht nötig, auf Handelsgesetze zu bestehen. Auf der anderen Seite würde man, wenn man von einem hobbesschen Standpunkt ausgeht, argumentieren, dass man das Recht auf Eigentum und ein Regelwerk für Regierungsgeschäfte nur dann etablieren kann, wenn es ein Gesetz gibt und wenn die Regierungsgewalt schlussendlich die Macht hat, dieses Gesetz zu vollstrecken. Gehen wir von diesem zweiten Blickwinkel aus, dann denken wir, dass das Gesetz und der Staat in gewisser Weise für die Aufrechterhaltung einer soliden Wirtschaft unumgänglich sind.

Peter Engelmann: Aber so eine Realität gibt es nicht. Es gibt keine Wirtschaft ohne Regeln, ohne Gesetz. Oder liege ich da falsch?

Colin Crouch: Reine Neoliberale glauben schon an Regeln, aber sie glauben, dass diese sich spontan aus dem Markt heraus bilden, und dass alleine staatliche Eingriffe dies verhindern. Mein Freund Robert Boyer, ein französischer Ökonom, war beispielsweise zur Zeit der Finanzkrise in den Vereinigten Staaten, wo er auf Ökonomen mit ziemlich extremen Einstellungen zur freien Marktwirtschaft traf. Er legte ihnen nahe, dass die Krise das Scheitern der Deregulierung der Finanzmärkte demonstriert habe, für die sie sich allesamt eingesetzt hatten. Nein, überhaupt nicht, antworteten sie ihm, der die Ursache des Problems seien zweihundert Jahre der Bankenregulierung in den Vereinigten Staaten. Hätte es niemals Regulierungen gegeben, wären die Leute gezwungen gewesen, auf dem Markt vorsichtiger zu agieren; sie hätten nicht geglaubt, dass der Staat und das Gesetz sie schützt, sie hätten die Banken permanent kontrollieren müssen, und die Ursachen der Krise hätten sich niemals so entwickeln können. Nun, es ist schwierig, dies empirisch zu widerlegen, da man dafür zweihundert Jahre Geschichte neu erfinden müsste. (*lacht*) Aber das ist die Art von Argumenten, die der wahre neoliberale Gläubige verwendet und diese Mentalität ist der kommunistischen sehr ähnlich. Die Theorie selbst ist niemals falsch; die Geschichte hat sich nur falsch verhalten. Um wieder ein bisschen ernsthafter zu werden: Es gibt interessante Ansätze in der Wirtschaftstheorie zu zeigen, wie wirtschaftliche Akteure ohne staatlichen Schutz Regeln entwickeln könnten, und es gibt Beispiele aus der Geschichte, die dies untermauern. Im Mittelalter galt das *lex mercatoria*: Händler in ganz Europa entwickelten Regeln, wie Geschäfte durchzuführen waren, entwickelten Methoden zur gegenseitigen Bestrafung, wenn man seine Vereinbarungen nicht einhielt, ohne dass Regierungen auch nur im Geringsten an ihnen interessiert gewesen wären.[11]

Peter Engelmann: Aber ist es nicht egal, wer nun diese Gesetze und Regeln implementiert, der Staat beziehungsweise die Regierung oder irgendeine andere Institution? Das bedeutet doch nur mal mehr, mal weniger Staat. Auch in dem Fall, den du schilderst: Es gibt immer eine übergeordnete Organisation, die die Einhaltung der Regeln kontrolliert, ob Staat oder nicht.

Colin Crouch: Nun ja, in der Anthropologie gibt es interessante Beiträge darüber, wie in einigen Stammeskulturen, in denen es weder Staat noch Gesetzgebung gibt, es die Leute trotzdem fertigbringen, Verträge zu befolgen; aber dabei handelt es sich immer um sehr beschränkte Systeme, in denen es schwer fällt, aus einer geschlossenen Gemeinschaft auszubrechen, da sie von einem komplexen System von Drohungen abhängt. Wenn du eine Vereinbarung, die du mit mir getroffen hast, nicht befolgst und dich dein Stamm dafür nicht bestraft, bestrafe ich ein anderes Mitglied deines Stammes.[12] Das gibt deinem Stamm einen starken Anstoß, dein Verhalten zu überwachen. Aber solch ein System ist abhängig von starken kollektiven Identitäten, die interessanterweise von einer liberalen Gesellschaft und Wirtschaft zerstört werden. Und wenn wir uns die Schriften von Max Weber ansehen, oder das Erbe der Französischen Revolution, so können wir lernen, wie sich der Begriff des freien Handels und der freien Wirtschaft zusammen mit dem aufgeklärten modernen Staat entwickelte. Weber behauptete ja, Bürokratie und Markt seien zwei Seiten derselben Medaille.[13] Die Herausforderung ist es, das Gleichgewicht zwischen ihnen zu halten und weder das eine noch das andere abzuschaffen.

Peter Engelmann: Wir können also festhalten: In unserer Betrachtung des Neoliberalismus gehen wir erstens von der Wahlfreiheit als dessen Grundlage aus. Zweitens ist dem Wettbewerb eine Tendenz zur Konzentration und Monopolisierung inhärent. Drittens muss es immer eine Institution geben, die Regeln festlegt und deren Durchsetzung garantiert.

Colin Crouch: Ja, aber selbst wenn wir uns einig sind, dass ein Modell der freien Wahl innerhalb des Marktes möglich ist, haben wir zwei andere Probleme. Erstens, dass der Markt uns die freie Wahlmöglichkeit nur bei Dingen bietet, die es innerhalb dieser Marktwirtschaft gibt. Außerhalb dieses Rahmens bietet er uns keine Möglichkeit zu wählen.

Und dann gibt es zweitens ein ganz anderes Problem: Welche Annahmen trifft man über die Verteilung von Einkommen und Wohlstand? Das sind zwei verschiedene Probleme. Das erste ist, dass der Markt dich wählen lässt, vorausgesetzt, du hast die Mittel, im Markt zu agieren und vorausgesetzt, du wählst aus den Dingen, die der Markt anbietet. Märkte können uns also keine saubere Umwelt bieten. Das ist das Problem der negativen Externalitäten. Eine Externalität ist etwas, das von wirtschaftlicher Aktivität zwar betroffen, selbst aber nicht Teil der Markttransaktion dieser Aktivität ist. Sie kann entweder positiv oder negativ sein. Ein Beispiel für eine positive Externalität ist das folgende: Stell dir vor, ich besitze eine Imkerei; meine Bienen fliegen in deinen Garten und holen sich dort Blütenstaub. Dein Garten bietet mir also eine positive Externalität. Ich muss dafür nicht zahlen, ich kann ihn verwenden. Es tut dir nicht weh, weil du deine Blumen ja bestäubt haben willst. Meine Imkerei ist von deinem Garten abhängig, und dein Garten ist von meinen Bienen abhängig, aber es gibt keine wirtschaftliche Beziehung zwischen uns beiden. Stell dir nun als Beispiel für eine negative Externalität vor, dass ich eine Fabrik besitze, die einen Fluss verschmutzt. Ich zahle für meine Fabrik, bezahle meine Arbeiter und für meine Rohmaterialien am Markt. Ich stelle dann Produkte her, die ich am Markt verkaufe. All diese Transaktionen sind vom Markt gesteuert. Dass ich aber mit meinem Abfall den Fluss verschmutze, berührt meine Markttransaktionen überhaupt nicht. Ich bezahle nicht dafür; der Fluss ist außerhalb meiner Marktbeziehungen. Er ist lediglich etwas Externes. In einer reinen Marktwirtschaft gibt es nichts, was man dagegen tun könnte.

Peter Engelmann: Ist die Lösung negativer Externalitäten, sie zu internalisieren?

Colin Crouch: Man kann hier Verschiedenes tun. Erstens könnte man sie internalisieren. Das ist einer dieser interessanten produktiven Kompromisse zwischen neoliberalem und sozialdemokratischem Denken. Wenn der Staat eine Umweltschutzsteuer einführt, die Giftstoffwerte im Fluss misst und höhere Steuern auferlegt, je stärker die Fabrik den Fluss verschmutzt, dann steigen die Kosten des Fabriksbesitzers als Auswirkung der Verschmutzung, und er hat einen wirtschaftlichen Anstoß, die Umweltverschmutzung zu verringern. Der Staat hat die Struktur des Marktes verändert, aber das Instrument des Marktes bleibt in Verwendung.

Peter Engelmann: Das passiert ja gerade. Im Straßenverkehr, beispielsweise.

Colin Crouch: Genau das passiert auch jetzt, ja. Allerdings behaupten so manche Ökonomen, dass es hier keiner staatlichen Intervention bedarf, dass die Menschen, die von der Umweltverschmutzung betroffen sind, selbst zur Fabrik gehen und fragen könnten, wie viel sie zahlen müssten, damit der Fabrikbesitzer etwas dagegen unternimmt. Wenn die Summe, die sie gewillt sind zu zahlen, nicht hoch genug ist, dass es sich für Fabrikbesitzer lohne, etwas gegen die Umweltverschmutzung zu unternehmen, dann, so würden die Ökonomen sagen, sollte es der Fabrik gestattet sein, mit der Verschmutzung weiterzumachen. Das wichtige Argument, das sie anbringen, ist, dass durch die Aktivität, die die Umwelt verschmutzt, Produkte hergestellt werden, die einige Leute kaufen wollen; die Fabrik produziert also nicht nur Umweltverschmutzung. Man muss einen Weg finden, der die positiven und negativen Folgen der Fabrikaktivitäten im Gleichgewicht hält. Ökonomen arbeiten auch immer mit Modellen mit sehr einfachen Beziehungen. Der wichtigste Artikel dazu wurde 1960 von dem kürzlich verstorbenen Wirtschaftswissenschaftler Ronald Coase verfasst.[14] Er verwendet hauptsächlich Beispiele, wie etwa einen Streit zwischen zwei Bauern, mit einer geringen Anzahl an betroffenen Personen und bei denen sowohl die Personen als auch die Externalität einfach zu identifizieren sind. In unserer heutigen Gesellschaft geht es um massive Externalitäten, die den gesamten Planeten verschmutzen, um Umweltverschmutzung in gewaltigem Ausmaß, um Handlungen, die Auswirkungen auf Menschen in komplett anderen Teilen der Welt haben. Und man kann die von den Externalitäten betroffenen Gruppen nicht mehr identifizieren. Diese Probleme müssen auf allgemeiner Ebene diskutiert werden, nicht als ein Streit unter Nachbarn.

Peter Engelmann: Es betrifft die Zukunft des Planeten.

Colin Crouch: Die Zukunft des Planeten oder eine sehr große Anzahl von Menschen, die nicht die Möglichkeit haben sich zusammenzuschließen, um den Umweltverschmutzern Angebote zu machen. Üblicherweise sind die Umweltverschmutzer multinationale Konzerne, während die Opfer Bauern aus Entwicklungsländern sind.

Peter Engelmann: Eigentlich will ich hier nicht vorgreifen – wir werden später noch genauer auf die Finanzindustrie eingehen – aber die durch sie hervorgerufene Krise ist ein gutes Beispiel für negative Externalitäten. Wie wir gesehen haben, hat es enorme Auswirkungen, wenn die Staaten Unsummen an Steuergeldern einsetzen, um das System zu stabilisieren.

Colin Crouch: Nun ja, das waren die Kosten einer negativen Externalität. Weil der Kollaps des globalen Systems in der Kostenrechnung dieser Händler nicht vorkam. Ihre Perspektive beschränkte sich auf: Wenn ich das jetzt verkaufe und dies einkaufe, bringt mir das so und so viel Gewinn … Das ist alles, was sie tun; sie agieren als Marktakteure, treffen Mikroentscheidungen in einem komplett neoliberalen Umfeld, doch sicher: Das alles hatte Konsequenzen für das gesamte Gesellschaftssystem, wie du gerade sagtest. Uns sind in der Tat die Kosten noch unbekannt. Also ja, das ist ein perfektes Beispiel …

Peter Engelmann: Aber wir beginnen, eine Vorstellung davon zu bekommen. Wir sehen es in Griechenland und Spanien. Es ist einfach inakzeptabel. Was geschieht nämlich, wenn man diese Länder destabilisiert? Das läuft auf einen Bürgerkrieg hinaus, einen weltweiten Bürgerkrieg! Wir kehren zu vorzivilisatorischen Strukturen zurück. Ein sehr hoher Preis!

Colin Crouch: Und das war schon immer das Problem mit den Externalitäten. Die Wirtschaftswissenschaften sind ein amoralisches System, das uns vorgaukelt, wir alle hätten Entscheidungsfreiheit, aber niemand trägt die Verantwortung für die Konsequenzen, die Reichweite dieser Entscheidungen weit übersteigen. Es darf der Wirtschaftstheorie nicht erlaubt sein, uns davon abzuhalten zu sagen, dass es Werte gibt, die vom Markt nicht umgesetzt werden können, die aber sehr wichtig sind. Die Theorie der freien

Marktwirtschaft tendiert dazu, darauf zu bestehen, dass wir sämtliche Ziele ausschließlich durch den Markt erreichen können. Und obwohl der freie Markt uns Wahlmöglichkeiten bietet, beseitigt er hier die Entscheidungsfreiheit, da er Aussagen wie die deine nicht zulässt.

Die Moral des Marktes und nationale Identitäten

Peter Engelmann: Also ist das die Grundlage deines Denkens: Wirtschaft ist amoralisch …

Colin Crouch: … mit der Ausnahme, dass in der Aussage, Menschen sollen die Freiheit haben zu wählen, eine sittliche Wahrheit steckt. Das ist ein moralisches Argument. Aber daraufhin sagt die freie Marktwirtschaft: wie sie davon Gebrauch machen, ist ihnen überlassen.

Peter Engelmann: Also gibt es eine nichtwirtschaftliche Grundlage jeglicher Form von Wirtschaft.

Colin Crouch: Nun ja, wenn du mit Ökonomen diskutierst, wirst du entdecken, dass sie eine zutiefst moralische Leidenschaft dafür haben, dass wir die Freiheit haben sollten, am Markt zu wählen.

Peter Engelmann: Aber auf welche Argumente stützen sie sich, wenn sie mit großem moralischen Eifer für die Wahlfreiheit auf dem Markt eintreten?

Colin Crouch: Nun, sie können argumentieren: Wer hat das Recht, dir deine Wahlfreiheit wegzunehmen? Das ist das grundlegende liberale Argument gegen Hierarchien. Aber das löst das Problem nicht, dass der Markt uns auch einige

Wahlmöglichkeiten nimmt. Er ermöglicht und verhindert gleichermaßen. Und da müssen wir sagen: Wir haben immer noch das Recht, Kritik zu üben auf Grundlage unserer eigenen Interessen oder von Werten, die besagen: Nein, Wahlfreiheit auf dem Markt ist einfach nicht genug.

Ich behaupte nicht, dass diese Probleme einfach zu lösen wären. Kommen wir auf das Thema der negativen Externalitäten zurück. Nur, weil man in einem bestimmten Marktverhalten eine negative Externalität erkennt, bedeutet das nicht automatisch, dass die Externalität behoben werden muss. Nehmen wir an, es gibt Pläne, eine Fabrik zu bauen, die eine schöne Landschaft zerstören wird. Die Leute, die in dieser Landschaft wohnen, glauben, sie haben ein Recht, sich davor zu schützen. Und möglicherweise haben sie das auch, aber es könnte auch sein, dass die Existenz der Fabrik dem Gemeinwohl dient, indem sie nachgefragte Produkte herstellt und für die lokale Bevölkerung Arbeitsplätze schafft. Wir können nicht *a priori* sagen, was die richtige Antwort ist, sondern nur, dass wir das Recht haben, diese Frage zu stellen. Es ist schwierig, Kriterien aufzustellen, um zwischen zwei konkurrierenden Wertesystemen zu wählen, aber wir müssen, entgegen dem Postulat der Wirtschaftswissenschaften, auf dem Recht beharren, dies zu versuchen und jene Wahlfreiheit zu verteidigen, die über die vom Markt selbst gegebene Wahlfreiheit hinausgeht. Wir dürfen nicht zulassen, dass auf Markteffizienz basierende Argumente jede moralische Betrachtungsweise übertrumpfen, es sei denn, wir sind bereit zu glauben, dass moralische Debatten und moralische Entscheidungen durch die Markttheorie irrelevant geworden sind und wir daher das Recht verloren haben, deren Schlussfolgerungen anzufechten. Wie wir vorhin besprochen haben, ist dies der liberalen Philosophie entgegengesetzt, aus der sich die Marktlehre herleiten soll.

Peter Engelmann: Verstehe ich richtig, dass eine Wirtschaftstheorie, die ihr Grundprinzip der Wahlfreiheit auf die Marktbeziehung begrenzen will, ihr eigenes grundlegendes Prinzip widerlegt? Wahlfreiheit muss also auch die freie Wahl moralischer Argumente bedeuten können.

Colin Crouch: Ökonomen würden sagen, dass es, solange es die freie Wirtschaft gibt, Unternehmer geben wird, die unbefriedigte Bedürfnisse sehen und Produkte produzieren, um sie zu erfüllen. Ein interessantes Beispiel ist das jüngste Wachstum in „ethischen" Märkten, von Produkten, die vorgeben, umweltfreundlich zu sein, bis hin zu Investmentfirmen, die Investitionen in die Rüstungsindustrie, Tabak, Alkohol und so weiter vermeiden. Die Nachfrage nach Gütern und Dienstleistungen von ethischer Qualität ist hoch und der Markt ist in der Lage, darauf zu reagieren. Ökonomen würden behaupten, ein kapitalistisches System sei immer offen für solche neuen Nachfragen. Bleiben trotzdem noch Dinge, die der Markt nicht tun kann, wie etwa die Umwelt zu schützen, oder sich mit allgemeinen Interessen zu befassen, die nicht auf die Interessen einzelner Konsumenten heruntergebrochen werden können, oder sich mit den Interessen von Leuten zu befassen, die auf dem Markt keinerlei Kapazitäten haben. Wenn man grundsätzlich den Standpunkt vertritt, in einer Welt, in der wir keine Hierarchien akzeptieren, keine religiöse Autorität, in der wir die grundlegenden Antworten nicht kennen, sei das beste, was wir tun können, einem jeden Wahlfreiheit zu geben, dann leben wir alle in der grundsätzlich liberalen Welt der Wirtschaftstheorie. Aber um wirklich liberal zu sein, müssen wir in der Lage sein, den Markt selbst zu hinterfragen; wir brauchen den Markt plus etwas anderes. Und dann heißt das Problem: Wie finden wir dieses „Etwas andere"?

Peter Engelmann: Und was ist die Beziehung zwischen diesem „Etwas anderen“ und dem Markt?

Colin Crouch: Die Antwort, die uns unter anderem Hegel und die intellektuellen Elite der Französischen Revolution liefern, lautet, dass nur der Staat die Interessen der Allgemeinheit repräsentieren kann und dass der Staat auch die nötigen Mittel dafür hat. Darin sehe ich den wirklichen Ursprung sozialistischen Gedankenguts, in der Französischen Revolution und der Philosophie Hegels.

Peter Engelmann: Was wir heute feststellen können – und das ist sehr interessant – ist, dass wir am Ende dieses Denkens und der politischen Realisierung dieses Denkens angelangt sind. Das ist sehr wichtig. Dieses Denken gab es seit Hegel, wie du sagst, bis 1989. Und es hat nicht funktioniert. Das kann man sagen.

Colin Crouch: Es funktioniert aus zweierlei Gründen nicht. Zum einen – ohne Hegel zu nahe treten zu wollen – weil es dem Staat schwerfällt, sich besser zu verhalten als die Menschen, aus denen er besteht. Das ist ein weiterer Aspekt, der auf Hobbes zurückgeht: dass Menschen sehr gut in der Lage sind, einander Leid zuzufügen. Und je mehr Macht Menschen haben, desto mehr Möglichkeiten haben sie, diese zum Guten oder Schlechten zu nutzen. Und das ist das Problem, wenn der Staat unanfechtbar wird, wenn er alle anderen Ausgangspunkte unterbinden kann, dann sind die Leute, die den Staat kontrollieren, durch Streit und Kampf dorthin gelangt und mit hoher Wahrscheinlichkeit glauben sie dann an Streit und Kampf als Mittel für alles. Und das führt zu Totalitarismus. Jedoch bedeutet das nicht, dass wir akzeptieren müssen, dass der Staat als Institution sich niemals besser verhalten kann als ein Haufen Ganoven. Es gibt ja eine lange Geschichte der Entwicklung von Verhaltensregeln für staatliche Institutionen, von Möglichkeiten, sie strengeren Kontrollen und Forderungen nach Transparenz zu unterwerfen als private Einrichtungen, und von einer Ethik öffentlicher Dienstleistungen, die eine Vielzahl von Mitarbeitern in Ministerien und staatlichen Organisationen gerne ehrenhaft befolgen – wobei wir zusätzlich starke Aufsichtsbehörden brauchen, um sie zu kontrollieren.

Jetzt haben wir auch ein zweites, völlig anderes Argument, warum diese Herangehensweise unzureichend ist, nämlich, dass der Staat in der Französischen Revolution oder in der hegelianischen Theorie immer ein Nationalstaat ist. In der Französischen Revolution, insbesondere in ihrer napoleonischen Ausformung, war man der Auffassung, der Staat wäre zwar der Ausdruck von Vernunft – und damit wurde Hegel antizipiert –, aber es wäre die Mission des französischen Volkes, diese Vernunft in alle Welt zu verbreiten. Also befreit man die Holländer und die Schweizer und die Italiener – und unterwirft sie einer Diktatur. Es wurde also nur ein Volk, das französische, als die rationale Kraft in der Welt gesehen. Und das war seine Legitimierung. Der Widerspruch zwischen einer allgemeinen Rationalität und einem geografisch und kulturell beschränkten Nationalstaat wurde dahingehend aufgelöst, dass man eine nationale Kultur zum Träger einer allgemeinen Vernunft behauptete. Und klarerweise macht Hegel ziemlich das Gleiche, da es für ihn der preußische König ist, der diese allgemeine Mission verkörpert. Solche Standpunkte sind immer Unsinn. Aber in einer globalisierten Welt, wo wir den Nationalstaat nicht mehr als das Allgemeine sehen können, wird es noch problematischer, da Staaten nur Teil einer Welt von Wettbewerbern sind und es ja auch immer schon waren.

Peter Engelmann: Das bringt mich auf etwas Anderes: Der marxsche Kommunismus begann als internationales Konzept; er wurde dann jedoch ein nationaler durch sozialdemokratische Parteien. Zu Zeiten von Marx und Engels gab es eine Kontroverse über den Begriff des Internationalen. Daher frage ich mich: Wie geht der kommunistische Gedanke oder die Idee, die Menschen der ganzen Welt zu befreien, mit der Vorstellung zusammen, dass sich das Allgemeine in einer bestimmten Nation verkörpert?

Colin Crouch: Es hat nicht funktioniert …

Peter Engelmann: Das Argument, dass der reale Sozialismus nicht funktionierte, war, dass er nicht dasselbe war wie die Idee des Sozialismus, dass er Sozialismus für nur ein Land alleine war.

Colin Crouch: Ja, aber hätten wir einen Weltstaat gehabt, unter Stalins Kontrolle, wäre das viel, viel schlimmer gewesen. Tatsächlich konnte man schon ziemlich früh erkennen, dass aus der Idee des Sowjetstaates eigentlich russischer Nationalismus wurde.

Peter Engelmann: Er beseitigte die Idee des Internationalen, mit Trotski als einem der Hauptakteure.

Colin Crouch: Dann wurde daraus in Wahrheit eine Reihe von nationalen Sozialismen. Man erinnere sich daran, wie der ostdeutsche Staat sicherstellte, dass er den Jahrestag Luthers ausgiebiger feierte als der westdeutsche, um zu zeigen, dass sie Deutsche waren. Aber es sind nicht nur Kommunisten, die dieses Problem haben, wir alle haben es: Wie können wir eine Bürgerschaft dazu bringen, sich als Mitglieder von etwas Größerem als dem Nationalstaat zu verstehen? Dass der Nationalstaat die Loyalität der Bevölkerung für sich gewinnen konnte, war eine außerordentliche Errungenschaft des 19. und 20. Jahrhunderts und hat Bürgerschaft und Demokratie grundlegend ermöglicht. Mittlerweile ist er aber zu einer Ebene geworden, die Bürgerschaft und Demokratie daran hindert, sich den Herausforderungen einer Welt zu stellen, in der Macht global ausgeübt wird.

Peter Engelmann: Aber was können wir hier tun? Wir versuchen, in Europa diese Nationalismen zu überwinden, aber da kann man pessimistisch sein.

Colin Crouch: Ja, sehr pessimistisch. Man sieht allerdings eine Lösungsmöglichkeit – und dafür gibt es Beispiele – in dem Umstand, dass Menschen ihre Identitäten als Bürger auf mehreren Ebenen verorten.[15] Man kann gegenüber seiner Stadt, seiner Region, seinem Land, Europa, und einer Art globaler Bürgerschaft sehr loyal sein und sich mit ihnen gleichermaßen identifizieren. Beispiele für solche Identitäten auf mehreren Ebenen gibt es in Großbritannien, was seltsam ist, da es ein fast extremer Fall eines zentralisierten Landes ist. Wir haben vier sogenannte Einzelstaaten, England, Schottland, Wales und Nordirland, die in einigen Sportarten gegeneinander antreten. Und so wird beim Fußball beispielsweise ein Schotte das schottische Team im Spiel gegen England anfeuern. Aber bei der Leichtathletik sind wir Großbritannien und treten alle gemeinsam an. Sport ist für das Identitätsgefühl und die Leidenschaft von Menschen sehr wichtig und trotzdem sind sie in der Lage, diese in verschiedene Sportarten unterschiedlich einzubringen. Oder wenn man die lokale Fußballmannschaft seiner Stadt unterstützt, die heutzutage zum Großteil aus Spielern aus anderen Ländern bestehen kann, dann unterstützt man diese ausländischen Spieler. Aber wenn es um internationale Matches geht, werden dieselben Fans gegen dieselben Spieler sein, die dann eben für deren Herkunftsländer spielen. Also können wir in unseren Köpfen durchaus Identitäten auf mehreren Ebenen vereinen. Und so brauchen wir auf politischer Ebene auch unser Nationalgefühl und den Stolz auf unsere Stadt nicht verlieren, um uns eine europäische Identität zueigen zu machen.

Peter Engelmann: Gut, auf psychologischer Ebene könnte das bei Sportveranstaltungen der Fall sein, aber bei wirtschaftlichen Herausforderungen spielen nationale Identitäten noch eine sehr große Rolle. Man denke zum Beispiel an die Beziehungen zwischen Südeuropa und Nordeuropa mit ihren unterschiedlichen wirtschaftlichen Entwicklungsniveaus. So wie die Bürger in anderen reichen Ländern ist die breite Mehrheit der Deutschen gegen den Geldtransfer in südeuropäische Länder. Aber Westdeutschland hat Transfers nach Ostdeutschland akzeptiert – zumindest anfangs.

Colin Crouch: Ja, dieses Argument verwende ich oft. Es zeigt sowohl die Unlogik als auch die Macht des Nationalbewusstseins. Sogar die Wolgadeutschen wurden einbezogen, die kein Wort Deutsch sprachen und eigentlich Russen waren. Und ein weiterer Aspekt dieser allgemeinen Akzeptanz der Idee der nationalen Zughörigkeit war, dass Ostdeutschland der Europäischen Union beitreten durfte, ohne sich zu bewerben. Es ist der einzige Staat, der Mitglied wurde, ohne sich jemals beworben zu haben.

Peter Engelmann: Wie du gesagt hast: der Triumph des Nationalstaats. Wir können daraus schließen, dass man auf psychologischer Ebene arbeiten muss. Denn Westdeutsche wollen ihr Geld anderen Deutschen geben, aber nicht den Griechen.

Colin Crouch: Selbstverständlich gab es auch Spannungen und einige Politiker widersetzten sich den Großtransfers der Kohl-Regierung in die östlichen Bundesländer, und es gab ziemlich zweifelhafte Argumente, dass die Wessis entweder die Ossis dafür bezahlen müssten, in ihrem Teil Deutschlands zu bleiben, oder sie herüberkommen und nebenan einziehen lassen müsste. Das war also nicht wirklich die Anerkennung einer gemeinsamen Identität.

Peter Engelmann: Aber es gab die Ansicht, dass sie integriert gehören, da sie schließlich Deutsche waren. Wie du weißt, gab es Deutsche aus Russland, aus Rumänien, aus Ungarn, die an diesem Tag alle als Deutsche akzeptiert wurden. Und die deutsche Regierung zahlte für sie zu Zeiten des Ostblocks. Das verweist auf eine nationale Identität. In gewisser Weise sehen wir dieses Problem aus dem 19. Jahrhundert, des Kommunismus als internationale Bewegung einerseits und der sozialistischen oder sozialdemokratischen Parteien als nationale Entitäten andererseits auch heute – es wiederholt sich. Man kann die zentralen Fragen unserer Zeit – wie etwa wirtschaftliche Probleme oder das Thema des Wohlfahrtsstaates – nicht auf nationaler Ebene behandeln. In gewisser Weise ist es dasselbe Problem. Wollen wir die heutigen Probleme lösen, müssen wir auf internationaler Ebene denken und handeln, wie Marx es beabsichtigte.

Colin Crouch: Neu ist, dass wir heutzutage Konzerne haben, die transnational agieren … Etwas Ähnliches gab es schon im 18. Jahrhundert, zum Beispiel die Britischen und Niederländischen Ostindien-Kompanien, aber nicht so sehr im 19. Jahrhundert, weil die Industrialisierung ein vorwiegend nationales Phänomen war. Globale Konzerne sind intern in geografische Abteilungen gegliedert, also gibt es einen Teil im Unternehmen, der sich mit einem bestimmten Teil Europas beschäftigt, und einen anderen für einen anderen Teil. Sie zeichnen sich die Geografien selbst, folgen dabei nicht zwingend allgemein anerkannten Aufteilungen und verändern sie sehr flexibel. In einem bestimmten Jahr ist zum Beispiel Frankreich in derselben Gruppe wie Italien, und in einem anderen ist Frankreich bei Deutschland. Diese Konzerne rekrutieren auch ihr Personal international. Ich erinnere mich daran, als die Ford Motor Company in Großbritannien sehr prominent war. Es war eine amerikanische Firma, in ihren britischen Fabriken waren jedoch die meisten Topmanager Deutsche. Diese Firmen vermischen Nationen entsprechend einer Unternehmensstrategie; sie sind multikulturell, vorurteilsfrei und höchst flexibel. Konzerne haben das Problem des Aufbaus postnationaler Strukturen in einer Weise gelöst, der die Demokratie in Wahrheit nicht nachkommt. Das ist zum Teil positiv, denn ich denke, dass die Existenz transnationaler Firmen einigen isolationistischen Tendenzen entgegensteuert, die es in gewissen Staaten gibt. Aber es könnte auch bedeuten, dass die Macht der Konzerne wieder einmal alles andere übertrumpft, da Konzerne diese flexible Möglichkeit haben, postnational zu sein.

Peter Engelmann: Könnte man sich auf lange Sicht nicht vorstellen, dass die Konzerne die Vorreiter eines Internationalisierungsmodells sind? Die Macht der multinationalen Konzerne erfordert eine Reaktion auf politischer Ebene. Nationale Organisationen und Institutionen sind aufgefordert, über nationale Grenzen hinauszugehen, hin zu einem internationalen Rahmen, um die Macht und den Einfluss dieser multinationalen Konzerne einzuschränken.

Colin Crouch: Ja, es gibt erste Anzeichen dafür. Darüber schreibe ich auch in meinen Büchern: die Art und Weise, wie einige der neuen politischen Aktionen, unabhängig von politischen Parteien, tatsächlich besser als diese in der Lage sind, sich international zu organisieren. Und nicht nur politische Aktionen, sondern auch Organisationen wie Ärzte ohne Grenzen, ursprünglich eine französische Organisation, jetzt international. Amnesty International, ursprünglich britisch, jetzt international. Transparency International, ursprünglich deutsch, jetzt international.

Demokratie und Liberalismus, Individuum und Kollektiv

Peter Engelmann: Das bringt uns zu einem wichtigen Punkt: Sind Wahlen ausschlaggebender für die Demokratie von morgen oder nicht? Du sagtest, Politiker müssen gewählt werden; bei Organisationen wie Amnesty International oder Ärzte ohne Grenzen ist das nicht der Fall. Daher können sie ...

Colin Crouch: ... flexibel und international handeln, ja.

Peter Engelmann: Was schließen wir also daraus?

Colin Crouch: Ich mache hier, ganz im Sinne einer Denkweise des 19. Jahrhunderts, eine Unterscheidung zwischen Demokratie und Liberalismus, was man heutzutage nicht mehr tut. Heute können Politiker oft nicht einmal mehr zwischen Demokratie und Kapitalismus unterscheiden, schon gar nicht zwischen Demokratie und Liberalismus, und sie würden sagen, Freiheit sei Demokratie. Aber die Denker des 19. Jahrhunderts sahen das anders und konnten Demokratie und Liberalismus durchaus auch als gegenseitige Bedrohungen verstehen. Im Liberalismus geht es um eine Gesellschaft, die dem Markt ähnelt, aber nicht den strengen Regeln eines Marktes unterworfen ist, eine Gesellschaft also, in der die Freiheit herrscht, sich zu organisieren, Kampagnen ins Leben zu rufen, sich in recht anarchischer Weise zu versammeln. Das ist Liberalismus und Pluralismus.

Peter Engelmann: Okay, und in welchem geschichtlichen Kontext verortest du das?

Colin Crouch: Ich würde sagen, das ist ein liberaler Pluralismus insbesondere der amerikanischen Art.

Peter Engelmann: Also wäre das eine Entwicklung der amerikanischen Demokratie.

Colin Crouch: Und der Pluralismus muss mit dem Liberalismus verbunden werden. Ich denke, man kann es liberalen Pluralismus oder pluralistischen Liberalismus nennen, ganz wie man will – es macht keinen Unterschied.

Peter Engelmann: In Europa gab es so eine Entwicklung nicht – anders als in Amerika.

Colin Crouch: Naja, es gab sie sogar zu allererst in Europa. Es begann in jenen Gesellschaften Europas – ich schätze, die niederländische war die wichtigste –, die im Laufe des 17. Jahrhunderts einen bestimmten Grad an religiöser Toleranz erreicht hatten. In England und in den Niederlanden, in der Schweiz, aber auch in Teilen Deutschlands lebten Katholiken, Lutheraner, Calvinisten und auch Menschen, die nicht gläubig waren.

Peter Engelmann: Also hat das gar nichts mit Demokratie zu tun.

Colin Crouch: Nein, es ist vordemokratisch. Es stellte sich dann das Problem, welche Grenzen bestimmten Verhaltensweisen gesetzt werden sollten, aber es fand in diesen Gesellschaften allgemeine Akzeptanz, dass jeder die Möglichkeit haben sollte, seinen Glauben auszuüben. Dieser Gedanke ist uns erhalten geblieben und geht jetzt weit über den religiösen Bereich hinaus. Wenn du zum Beispiel eine Kampagne gegen die Ausbeutung chinesischer Arbeiter ins Leben rufen willst, sollte dir das selbstverständlich frei stehen. Diese Freiheit ist allerdings auch mit Problemen verbunden. Zum Beispiel gibt es keine Garantie, dass nicht immer die Mächtigsten und die Reichen am besten organisiert sind. Es gibt keine Möglichkeit sicherzustellen, dass jeder die Chance hat, seiner Stimme Gehör zu verleihen. Es ist eine substanzielle Freiheit. Demokratie unterscheidet sich meines Erachtens dadurch, dass sie formal egalitär sein muss. Auch wenn es nur eine formale Regel ist, die in der Praxis missbraucht wird, es gibt die Formalität der gleichberechtigten Stimme und der geregelten Wahlkämpfe, wie bei Sportveranstaltungen mit einem gewaltigen Regelwerk, um gleiche Voraussetzungen für einen fairen Wettbewerb zu garantieren. In der Realität gibt es keine substanzielle Gleichheit, auf rechtlicher Ebene aber schon. Und mir scheint es sehr wichtig, dies für die Rekrutierung des Regierungspersonals beizubehalten, da man sonst in eine Art Anarchie verfällt, was sehr schnell zu einer Diktatur führt. Eine gute Gesellschaft schafft es, diese zwei Aspekte zu vereinen: einen stark auf Regeln basierenden demokratischen Prozess und einen anarchistischeren liberalen.

Peter Engelmann: Liberalismus ist, wenn ich das richtig verstehe, eine ideologische Haltung oder Übereinkunft, Demokratie eine formale Struktur. Ist das der Unterschied?

Colin Crouch: Ja.

Peter Engelmann: Und würdest du sagen, weil du vorhin Amerika erwähnt hast, dass man in Amerika sowohl die Entwicklung eines Staates als auch die einer nationalen Einheit hatte? Grundsätzlich liberal, aber auch demokratisch, wobei der liberale Impuls stärker war.

Colin Crouch: Wir könnten hier mehrere Punkte weiterverfolgen. Einer ist diese sehr interessante Art und Weise, wie die Monarchie eine Art allgemeines Interesse, eine Öffentlichkeit, durchgesetzt hat. Obwohl jede europäische Monarchie aus einer einzigen Familie hervorging, die eigennützig ihre eigenen Interessen schützte, mussten sie schließlich, um sich selbst zu legitimieren, behaupten, für das allgemeine Interesse zu stehen. Und so entwickelte der König üblicherweise, typischerweise, ein Rechtssystem, das den lokalen Rechtssystemen der verschiedenen Barone überlegen war, da es auf lokaler Ebene neutral war. Daraus entwickelte sich dann schließlich der Rechtsstaat. Die ständische Ehre, um einen weberschen Begriff zu gebrauchen, der mit der Monarchie verbunden war, wurde auf die demokratische Republik übertragen. Der Anspruch, das allgemeine Interesse zu vertreten, war plausibler, wenn er im Namen einer solchen Republik eingebracht wurde, aber die Republik übernahm von der Monarchie die Ansicht, dass die Öffentlichkeit etwas fast schon Heiliges an sich habe. Ein Staatsbeamter, ein öffentlicher Ort haben etwas Besonderes an sich. Seit dem Mittelalter begannen die Rathäuser europäischer Städte, Kirchen zu ähneln und für etwas Allgemeines, Gemeinschaftliches jenseits des profanen Alltäglichen zu stehen. Das ist ständische Ehre. Dem staatlichen Sektor in den Vereinigten Staaten mangelt es an diesem geschichtlichen Hintergrund und er genießt – mit der großen Ausnahme des Militärs – selten einen Sonderstatus. In gewisser Weise ist das ein viel realistischeres Modell, aber ihm fehlt auch etwas. Für Amerikaner haben öffentliche Ämter oder Behörden keine ständische Ehre. Amerikaner, die in diesem Bereich arbeiten, umgibt nicht diese Beamtenaura. Das ist ein Aspekt, der sich aus der Verschiedenheit Amerikas ergibt. Ein anderer ist die lange Geschichte der komplizierten Beziehung zwischen Demokratie und Liberalismus in Amerika, die die lange Geschichte der Korruption der Politik durch Geschäftsinteressen begleitete. Das führte dazu, dass viele Amerikaner demokratischen Institutionen gegenüber misstrauisch sind, da diese leicht korrumpierbar scheinen.

Peter Engelmann: Warum gibt es in den Vereinigten Staaten mehr Korruption im öffentlichen Sektor?

Colin Crouch: Es hat wahrscheinlich gar nicht mehr Korruption gegeben, aber sie war offensichtlicher und stellte daher eine größere Herausforderung dar.

Peter Engelmann: Könnte man sagen, dass die enge Verbindung zwischen Monarchie und öffentlichen Interessen vor Korruption schützt?

Colin Crouch: (*lacht*) Sie verdeckt sie wahrscheinlich mehr als dass sie gegen sie schützt. Gemessen an gewissen Standards, ist die Monarchie ja eine Form von Korruption, da eine Familie Privilegien an ihre Familienmitglieder weitergeben kann. In den meisten Gesellschaftsschichten ist der Nepotismus, also das Weitergeben von Privilegien an ein Familienmitglied, eine Art Korruption, aber in der Monarchie ist er der Modus operandi.

Peter Engelmann: Man könnte also sagen, es handelt sich um versteckte Korruption, während sie in Amerika offener ist.

Colin Crouch: Offener, was ihnen erlaubt, Konflikte darüber auszutragen; sie waren früher willens als wir in Europa, die Politik zu kritisieren, was positive Auswirkungen hatte. Viele aktuelle Ideen zur Frage der Transparenz kommen aus den Vereinigten Staaten. Eine negative Auswirkung bestand darin, dass man sich in Amerika schwer tat, einen Begriff des öffentlichen Interesses zu entwickeln, der nicht einfach eine Ansammlung von Interessen einzelner Marktakteure meinte. Das Ganze gipfelte in dem berühmten Beschluss des amerikanischen Obersten Gerichtshofs aus dem Jahr 2010[16], wonach Konzerne sämtliche Rechte von Individuen erhielten, mit Ausnahme des Wahlrechtes, und es keine Beschränkungen mehr dafür gibt, wie Konzerne ihr Geld für Wahlkämpfe verwenden, außer, dass sie einen Kandidaten oder eine Partei nicht direkt finanzieren dürfen; sie müssen ihre Unterstützung Parallelorganisationen zufließen lassen. Damit wird die amerikanische Demokratie endgültig von der Macht der Konzerne durchdrungen, die bereits aufgrund der Tatsache stark war, dass Politiker wegen des Vorwahlsystems persönlich und nicht über die Partei Gelder aufbringen müssen. Also spielte Geld in der amerikanischen Politik immer schon eine große Rolle. Nun aber ist das völlig legitimiert, und was wir in einigen europäischen Staaten als korruptes Handeln betrachten würden, ist für amerikanische Konzerne ein garantiertes Recht. Sie können unbegrenzte Summen für politische Zwecke ausgeben. Das ist jetzt eine neue, zeitgemäße Sichtweise dieses Konfliktes zwischen Liberalismus und Demokratie. Wir haben einen Punkt erreicht, wo die Demokratie durch den Wirtschaftsliberalismus eigentlich sogar geschwächt wird – und zwar in Gesellschaften, wo extreme Ungleichheit herrscht und einige Konzerne enorme Reichtümer und Ressourcen bündeln. Hier gefährdet das, was ich als die dritte Art des Neoliberalismus bezeichne – eine von politisch agierenden Riesenkonzernen dominierte Marktwirtschaft – sowohl die Demokratie als auch den echten Neoliberalismus der ersten Art, also das System freier, wettbewerbsfähiger, nicht politisierter Märkte.

Peter Engelmann: Tatsächlich bringt uns unser heutiger Ausgangspunkt – das Scheitern der vom Staat gelenkten Wirtschaft in osteuropäischen Ländern – zu dem Schluss, dass wir keine bessere Wirtschaft als die Marktwirtschaft sehen. Seither hat Europa eine Fülle von Privatisierungen öffentlicher Dienstleistungen erlebt. Aber dennoch: 20 oder 25 Jahre nach dem Sieg des Kapitalismus müssen wir die Schlussfolgerung ziehen, dass dieses System sich als großteils ineffektiv erweist.

Colin Crouch: Dieses System erzeugt seine eigenen Probleme. Und die Finanzkrise ist, wie du gesagt hast, das bisher wichtigste Beispiel für eine Krise dieses kapitalistischen Gesellschaftsmodells, da sie das Resultat von Deregulierung ist. In der Praxis sind Regierungen egal welcher politischen Ausrichtung in der Lage, ein gewisses Gleichgewicht herzustellen zwischen den Markteinwirkungen und der Kontrolle derselben. Sogar in den Vereinigten Staaten und in Großbritannien gibt es jetzt erste Regulierungen unternehmerischen Handelns. Ein echter Neoliberaler würde niemals zustimmen, dass das, was wir heute haben, ein wirklich freier Markt ist. Er würde einwenden, dass wir seit den 1920er Jahren Intervention um Intervention erlebten und immer noch interveniert wird. Es stimmt nicht, dass wir es heute mit totaler Deregulierung zu tun haben. Ich denke, was wir jetzt brauchen, ist eine bessere theoretische Grundlage für Regierungsinterventionen. Eine separate Frage ist, wie stark die Demokratie ist, die unseren Staat hervorbringt. Aus unserer sozialdemokratischen und sozialistischen Vergangenheit heraus entwickelte sich der Gedanke, dass es so etwas wie kollektive Interessen gibt. Dieser Gedanke muss klarer formuliert werden. Wie bestimmen wir ein kollektives Interesse? Es gab immer das Problem – und damit kommen wir auf den Kommunismus zurück –, dass die Partei die alleinige Definitionsmacht beanspruchte, was kollektive Interessen seien. Und daher ziehe ich es vor, mich ökonomischen Argumenten anzunähern und ein Konzept der kollektiven Interessen aus jenem der negativen Externalitäten zu entwickeln. Zuerst haben wir den Markt als Instrument zur Realisierung der Interessen einzelner; so gesehen bekenne ich mich dazu, grundsätzlich ein Neoliberaler zu sein. Dann sehen wir uns an – stets mit kritischem Blick –, was der Markt tut, und als Gemeinschaft von Bürgern behalten wir uns das Recht vor zu sagen, nein, hier beschädigt der Markt etwas Wertvolles. Zum Beispiel erzeugt extreme Flexibilität am Arbeitsmarkt Unsicherheit und Furcht, wodurch die Menschen wiederum rassistisch und xenophob werden. Also brauchen wir politische Maßnahmen, die diese Flexibilität am Arbeitsmarkt regulieren, um dem Berufsleben wieder Stabilität zu verleihen. Und wir wissen, wo wir ansetzen müssen, da es besonders in Europa eine ganze Reihe politischer Maßnahmen gibt, mit denen Flexibilität und Sicherheit in Einklang gebracht werden können. Um dies zu tun, ist es nicht notwendig, dass wir ein allgemeines Konzept von kollektiven Interessen haben, das wir den Einzelinteressen gegenüberstellen. Nein, wir sehen uns konkrete Fälle an, bei denen wir sagen können: Hier gibt es wichtige Interessen – Interessen, die von einer großen Anzahl von Menschen geteilt werden aber darum ja nicht aufhören, Interessen einzelner zu sein –, denen der Markt Schaden zufügt. Dann müssen wir darüber diskutieren, was wir dagegen tun können und wie wir das Gleichgewicht zwischen diesen und anderen Interessen herstellen können. Man stelle sich eine Art habermassche Gesellschaft vor – sie existiert nicht, aber man stelle sich so eine diskursive Gesellschaft vor. Man würde in jedem einzelnen Fall fragen: Hier gibt es eine negative Auswirkung durch ein bestimmtes Marktverhalten – müssen wir uns damit abfinden, weil wir dadurch so große Gewinne erzielen? Oder tun wir etwas, um es zu kontrollieren und wenn ja, was? Und daraus entwickelt sich dann ein neuer Ansatz zur Definition eines kollektiven Interesses, das sich keinesfalls einem Einzelinteresse entgegensetzt. Ich glaube nicht, dass es einen grundlegenden Konflikt gibt zwischen dem Einzelnen und dem Kollektiv, schließlich besteht das Kollektiv aus vielen Einzelnen, die ein Interesse teilen, das sie als Einzelne aber nicht durchsetzen können. Haben wir ein Umweltproblem, so ist es ein Problem, weil es von einzelnen Menschen als solches wahrgenommen wird. Es ist eine kollektive Angelegenheit, weil ein Einzelner nichts dagegen unternehmen kann. Er ist auf gemeinsames Handeln angewiesen. Um es zusammenzufassen: Vom Markt ausgehend kommen wir zum Begriff der negativen Externalitäten und verwenden diesen, um die Notwendigkeit der Wahrung kollektiver und allgemeiner Interessen zu definieren, und zwar an dem Punkt, wo der Markt uns nicht mehr helfen kann oder uns sogar behindert. Dieser Ansatz ist nicht radikal neu, er fasst lediglich zusammen, was wir in der Praxis tatsächlich oft tun. Ich versuche, einen theoretischen Rahmen für dieses Handeln zu schaffen, er sich nicht zu sehr an alte, abgenützte Traditionen des staatlichen Zentralismus anlehnt. Er stellt uns vor Probleme, zum Beispiel, dass der Staat ein von Menschen gesteuerter Akteur ist und ihm daher nicht vertraut werden kann, und der die Frage, wie wir eine Einigung darüber erzielen, was man als Problem definiert.

Peter Engelmann: Deiner Ansicht nach ist also der Konflikt zwischen individuellen und kollektiven Interessen ein konstruierter? Du gehst demnach nicht von einem allgemeinen Modell kollektiver Interessen aus, sondern von Einzelfällen.

Colin Crouch: Ja. Und ich denke, der Begriff der negativen Externalitäten hilft uns, kollektive Interessen zu definieren, ohne ein allgemeingültiges Modell zu konstruieren. Manchmal bringt er auch mit sich, dass unser nichtmarktwirtschaftliches Ich unserem marktwirtschaftlichen Ich entgegensteht, aber es geht immer um Menschen mit konkreten Erfahrungen und nicht um ein abstraktes Kollektiv. Negative Externalitäten können jedem Einzelnen wirklichen Schaden zufügen, aber wir können als Einzelpersonen nichts gegen sie machen, wir brauchen kollektive Lösungen. Und das führt uns zu zwei größeren Fragen: Zuerst gibt es das Problem des Staates, der an sich ein wirkungsloser, unzulänglicher Akteur ist, aber in manchen Fällen der einzige, der uns zur Verfügung steht. Zweitens stellt sich die im Grunde ethische Frage: Wie erzielen wir Einigung darüber, ob die Auswirkung eines wirtschaftlichen Handelns nun eine negative Externalität ist, die behoben werden muss? Ein Beispiel dafür, was ich mit dem zweiten Punkt meine: Ein westlicher oder japanischer transnationaler Konzern baut eine Fabrik in einem muslimischen Land und stellt Männer und Frauen zusammen ein. In einigen Ausprägungen des Islam ist dies eine unmoralische Sache (nicht in allen, der Islam ist in Wahrheit sehr vielgestaltig, was Geschlechterfragen betrifft). Ein Moslem könnte dies als einen ernsten Fall von negativer Marktexternalität ansehen, da der Markt die sittlich angemessenen Beziehungen zwischen Mann und Frau zerstört. Aus westlicher Perspektive könnten wir jedoch sagen: „Wunderbar! Der Einfluss westlicher Konzerne trägt zur Befreiung der Frauen in diesen Ländern bei. Das ist eine positive Externalität." Es gibt also nicht nur Konflikte zwischen Markt und Nicht-Markt, sondern auch tiefer liegende Wertekonflikte. Der amerikanische Autor Michael J. Sandel bringt in seinem Buch *Was man für Geld nicht kaufen kann*[17] viele Beispiele für Marktauswirkungen, von denen einige behaupten würden, sie seien ungeheuerlich, die andere wiederum mit einem „Warum nicht?" kommentieren würden. Sollte es beispielsweise erlaubt sein, die eigenen Körperorgane zu verkaufen? Man hat zwei Lungen und zwei Nieren, also könnte eine sehr arme Person eine Lunge oder eine Niere verkaufen, sie würde das überleben und ein bisschen Geld dafür bekommen und hätte somit für einige Zeit ein besseres Leben. In einer reinen Marktwirtschaft ist daran nichts falsch; ich sollte frei entscheiden können, ob ich meine Niere am Markt verkaufen will. In Wirklichkeit ist das aber in keiner Gesellschaft akzeptabel.

Sogar die Vereinigten Staaten, mit all ihrem Glauben an die freie Marktwirtschaft, verbieten den Organhandel. Sie sagen, nein, das geht zu weit, da würde der Markt in einer Weise in das Leben der Menschen eingreifen, die es nicht geben darf. Ein ähnliches Thema, auf das westliche Kulturen sensibel reagieren, ist die Prostitution. Sollte Prostitution ohne Einschränkungen erlaubt sein oder sagen wir auch hier, wie beim Organhandel: Das bedeutet, etwas zu verkaufen, was nicht verkauft werden soll, oder zumindest sollte es, wenn man es schon verkauft, Regulierungen dafür geben? Oder sagen wir: Das ist freie Marktwirtschaft, wenn jemand seinen Körper verkaufen will, warum nicht? Wir haben also alle unterschiedliche Punkte, bei denen wir entweder für Freiheit plädieren oder sagen, nein, hier gibt es etwas, das noch diskutiert werden muss.

Peter Engelmann: Die Einschätzung, was eine negative Externalität ist, variiert also von Gruppe zu Gruppe, könnte man sagen. Religiöse, nationale, ethnische, kulturelle Differenzen spielen hier eine Rolle.

Colin Crouch: Es sind Wertegemeinschaften, ja. So ist es. Es ist ja relativ einfach, eine Externalität zu definieren. Alles, was durch eine wirtschaftliche Handlung produziert wird, aber selbst nicht Teil dieser Transaktion ist, ist eine Externalität. Aber ist sie positiv, negativ oder neutral? Das ist die wirklich interessante Frage. Und das ist der Grund, warum wir uns einer Moral- und Wertedebatte nicht entziehen können.

Peter Engelmann: Also bewegen wir uns nicht mehr in den Wirtschaftswissenschaften – die Moral ist ein philosophisches Thema. Zurück zur Philosophie, Colin!

Colin Crouch: Ja, hier kommen wir zurück zur Philosophie. Und ich verlasse meine Sicherheitszone!

Politische Implikationen des beruflichen Wandels

Peter Engelmann: Denken wir einmal über Marx' Definition der neuen Klasse des Proletariats nach. Für ihn sind Proletarier im doppelten Sinne frei. Sie sind „frei" von Produktionsmitteln und es steht ihnen frei, ihre Arbeitskraft zu verkaufen. Und das ist die Grundlage einer Theorie des Proletariats als ein revolutionäres Konzept für die Zukunft. Für Marx hatte diese Doppelbedeutung des Begriffs der Freiheit – nach dem Feudalismus – diese negative Konnotation, keine Mittel zum Leben zu haben. Soweit ich mich erinnere, baute Marx' Theorie …

Colin Crouch: … die Arbeitswerttheorie …

Peter Engelmann: … darauf auf. Ist sie etwas, das man heute noch anwenden kann, oder ist der Gedanke überholt?

Colin Crouch: Ich glaube nicht, dass wir viel davon gebrauchen können, weil Marx mit dem Begriff des Proletariers das Ende des geschichtlichen Prozesses markierte, das er voraussagte. In den Gesellschaften, in denen er tatsächlich lebte, war er nicht der Auffassung, dass die Arbeitskraft frei von allen Besitzrechten sei. Einige Menschen besitzen Fähigkeiten, die auf dem Arbeitsmarkt einen höheren Wert haben; einigen Arbeitern fällt es leichter als anderen, sich zu organisieren. Die Wirtschaft im 19. Jahrhundert war genauso vielfältig wie unsere, was die Komplexität der Arbeitsformen, die Vielfalt an Arbeitskräften und die daraus resultierende unterschiedliche Macht der Arbeiterschaft anbelangt. Marx glaubte, dass alle Arbeiter durch den historischen Prozess der kapitalistischen Entwicklungen nach und nach auf den Status des Proletariers reduziert werden würden, da das Kapital ihnen jegliche Diskretion und Kontrolle entziehen würde. Einige dieser Prozesse haben tatsächlich stattgefunden – er hatte nicht völlig unrecht. Aber was er nicht gesehen hat, ist, dass die Geschichte viel komplexer verlaufen würde, weniger geradlinig. Während also einige Berufe oder Berufsgruppen ihre Fähigkeit verlieren, sich selbst und ihre Wissensgrundlagen zu definieren, entstehen andererseits auch neue und eignen sich ebendiese Fähigkeiten an. Es gibt nur sehr selten einen Masterplan im Verlauf der Geschichte; für gewöhnlich ist sie sehr komplex, und es ist wesentlich besser, sich diese Komplexität anzusehen und herauszufinden, wie verschiedene Formen von Arbeit Arbeitern Macht verleihen, sei es, weil sie Wissen haben, das der Arbeitgeber braucht, oder einfach, weil sie Vertrauenswürdigkeit genießen.

Peter Engelmann: Das ist ein sehr wichtiger Punkt für mich, weil Marxisten immer noch behaupten, die Proletarier hätten ja ihre Arbeitskraft, auf die sie zurückgreifen könnten. Aber sie haben auch andere Kompetenzen! Also ist diese Theorie nicht kohärent.

Colin Crouch: Nun, das stimmt so nicht ganz. Marx war nämlich der Ansicht, dass diese Kompetenzen allmählich verschwinden.

Peter Engelmann: Vielleicht traf das für die Industrialisierung tatsächlich zu.

Colin Crouch: Ja, dort sieht man diesen Prozess. In den frühen englischen Fabriken, besonders im Maschinenbau und Schiffsbau, stellte der Unternehmer lediglich die Arbeit und das Geld zur Verfügung und vergab diverse Teilarbeiten an verschiedene selbstorganisierte Gruppen, die in die Fabrik kamen und ihre Sachkenntnisse ausübten. Aber allmählich stellten die Unternehmer fest, dass sie auf diese Subunternehmer angewiesen waren und begannen daher, die Arbeiter direkt einzustellen und sich deren Know-how für das Unternehmen anzueignen. Und kurz nach Marx setzte eine Entwicklung ein, die er als Erfüllung seiner Vorhersagen angesehen hätte, nämlich das Aufkommen des Taylorismus und des Fordismus, in welchen den Arbeitern jegliche Intelligenz genommen und in das Unternehmen verlagert wurde. Heutzutage erreichen einige dieser Entwicklungen die freien Berufe (*free professions*[18]). So leiteten vor zwanzig Jahren Ärzte die Krankenhäuser. Sie schätzten ein, wie lang eine bestimmte Operation dauern und wie viele Assistenten sie für diese brauchen würden. Die Aufgabe der Krankenhausverwaltung war lediglich, das zur Verfügung zu stellen, was laut den Angaben der Ärzte gebraucht wurde. Heutzutage schreiben die Krankenhausverwalter den medizinischen Fachkräften immer häufiger vor, welchen Ressourceneinsatz ihr Budget erlaubt und wie sie ihre Arbeit den Zielvorgaben entsprechend zu organisieren haben. Wir sehen also, dass diese marxistische Entwicklung der Proletarisierung stattfindet, aber es gibt auch Gegenbewegungen. Es entwickeln sich neue Wissensbestände, die Arbeitgeber nicht unter Kontrolle haben. Es gibt eine paradoxe Rückkehr zur Auftragsvergabe an Spezialisten. Für die Arbeitgeber besteht zudem die Notwendigkeit, ihren Arbeitern zu vertrauen, ihnen dahingehend zu vertrauen, dass sie sich so verhalten, dass es dem Ruf des Unternehmens förderlich ist. In der Herstellungsindustrie spielt das keine große Rolle. Wenn jemand bei der Herstellung eines Autos mitarbeitet, ist es egal, ob er das wütend oder bitter oder stirnrunzelnd tut, vorausgesetzt, er führt die richtigen Arbeitsschritte durch. Aber wenn jemand in einem Geschäft oder Restaurant oder als Lehrer arbeitet …

Peter Engelmann: … würde das nicht funktionieren.

Colin Crouch: Nein. Und so haben neue Berufe im Dienstleistungssektor den Arbeitern in gewisser Weise eine seltsame Art von Macht verliehen. Die Tatsache, dass der Arbeitgeber darauf angewiesen ist, dass sie sich auf eine bestimmte Art präsentieren, setzt der Proletarisierung Grenzen. In einem Fast-Food-Restaurant natürlich nicht unbedingt, wo es zu einer Proletarisierung der Arbeit aufgrund der standardisierten Zubereitung und des standardisierten Verkaufs von standardisierten Produkten kommt und alles von der Konzernzentrale aus kontrolliert wird. Geht man aber zu qualitativ hochwertigeren Dienstleistungen über, dann sind die Arbeitgeber schon ziemlich abhängig davon, dass die Arbeitnehmer den Ruf des Unternehmens wahren. Und das bedeutet, sie sind kein reines Proletariat. Die Arbeitsorganisation und wie sie sich verändert, ist hier wesentlich komplexer, als Marx je gedacht hätte.

Peter Engelmann: Das ist ein interessanter Aspekt. Also, ein Marxist würde sagen, dieser Proletarisierungsprozess findet tatsächlich statt. Oder die asiatischen Länder – insbesondere China –, wo wir eine Wiederholung dieses Prozesses hin zu Taylorismus und Fordismus beobachten können.

Colin Crouch: Ja, und zwar im großen Stil. Niemand hat sich mehr für den Taylorismus begeistert als Stalin – oder auch Mussolini. Und der Taylorismus funktioniert tatsächlich in totalitären Regimen am besten. Und klar,

China ist heute ein Paradebeispiel für die Wiederkehr aller marxistischen Prozesse.

Peter Engelmann: Einige würden trotzdem noch immer behaupten, Marx hätte recht gehabt, die Proletarisierung sei nichts anderes als die totale Enteignung des Proletariers und dass er deshalb gezwungen sei, seine Arbeitskraft zu verkaufen, wodurch er Mehrwert produziert. Aber du würdest sagen, das ist nur ein Aspekt und die Realität des Proletariats und des Wirtschaftsprozesses ist viel komplexer.

Colin Crouch: Es ist komplexer und hier liegt die große Trennlinie zwischen Marxisten und Nicht-Marxisten. Ich sehe kein allgemeines Entwicklungsgesetz der Geschichte. Marxisten sind noch immer der Denkstruktur verhaftet, dass sich allgemeine Entwicklungsgesetze der Geschichte bewahrheiten, dass gleichsam die Geschichte die Manifestation hegelianischer Ideen ist. Marx ohne Hegel geht eben nicht. Wenn man versucht, auf der Basis marxistischer Theorie empirische und soziologische Prognosen abzugeben, verfehlt man diesen wesentlichen Aspekt marxistischen Denkens, dass eine grundlegende Wirklichkeit durch geschichtliche Prozesse enthüllt und dadurch verdeutlicht und vereinfacht wird. Versteht man die Geschichte nicht so, ist man immer bereit, neue Komplexitäten zu entdecken. Aber dahinter verbirgt sich noch ein anderer Punkt, und dieser ist nicht soziologischer, sondern eher politischer und philosophischer Natur: Marxisten sind hocherfreut über den Proletarisierungsprozess, denn für sie führt dieser schlussendlich und logischerweise zum Aufstand. Jemand, der solche geschichtlichen Prozesse nicht sieht, ist darauf zurückgeworfen zu sagen: Die Gesellschaft, in der wir leben, ist die einzige, die wir haben, wir werden keine neue bekommen und müssen daher versuchen, Wege zu finden, um sie zu verbessern. Deswegen untersuchen wir die Vielschichtigkeit und die Details. Und da lacht uns der Marxist aus und sagt, wir schauen nur, wie sich einzelne Blätter voneinander unterscheiden, ohne den Wald dabei zu sehen. Aber wenn wir an keine Bewegung der Geschichte glauben, müssen wir das finden, womit wir arbeiten können. Zum Beispiel suchen wir nach Möglichkeiten, das Arbeitsleben zu verbessern.

Peter Engelmann: Das erinnert mich an die maoistische Theorie, Gegensätze zu verschärfen, um eine Revolution anzuzetteln. Das aber ist ein mörderisches System.

Colin Crouch: Lenin brachte das Argument, es sei falsch, die Hungersnot im zaristischen Russland zu bekämpfen, da dies nur die Revolution verzögern würde.

Peter Engelmann: Die Roten Khmer in Kambodscha …

Colin Crouch: Ja.

Peter Engelmann: All diese Ideologien, die Anspruch auf die alleinige Wahrheit erheben und behaupten, einem höheren Ziel zu dienen, sind potenziell totalitär. Das zeigt die blutige Geschichte des 20. Jahrhunderts nur allzu gut.

Colin Crouch: In meinen Augen bietet die Tatsache, dass wir arbeiten – manche von uns auch in sehr ärmlichen Verhältnissen, in proletarischen Verhältnissen – und dass die Kapitalisten und der Staat auf unsere Arbeit angewiesen sind, eine Machtbasis. In meinen Augen – und davon spreche ich in meinem Buch *Jenseits des Neoliberalismus* – basiert Bürgerschaft in einer modernen Gesellschaft auf der Tatsache, dass unsere Arbeit gebraucht wird – entweder in Form von bezahlter Arbeit oder unbezahlter Arbeit von Personen, die sich um die Familie kümmern. Die Geschichte des allgemeinen Wahlrechts, der Demokratie, wurde begleitet von der zunehmenden Einsicht des Staates und der Arbeitgeber, dass sie in gänzlich anderer Weise auf Arbeitskräfte angewiesen waren als in Agrargesellschaften, wo Menschen nur so viel arbeiten mussten, dass sie ihre Steuern zahlen konnten und es egal war, wie sie lebten. Seit der Industriegesellschaft ist es wichtiger geworden, wie wir arbeiten, welche Kompetenzen wir einbringen und in welcher Stimmung wir arbeiten. Es ist für das System auch wichtig, dass wir konsumieren, da moderne Gesellschaften auf der Annahme basieren, dass es einen hohen Massenkonsum geben wird – ganz anders als bei einer scharfen Trennung zwischen einer kleinen Elite, die Luxusprodukte konsumiert, und der Massenbevölkerung, die sich kaum ernähren kann, wie in vorindustriellen Zeiten. Das ist die Machtbasis der gewöhnlichen Bürger in industriellen und postindustriellen Gesellschaften.

Einige sehen die Bürgerrechte als etwas, das wir kraft des Menschseins besitzen und glauben, man könne ein Recht aus abstrakt-logischem Denken herleiten. Ich sehe das nicht. In meinen Augen kann man in einer Gesellschaft nur dann ein Recht besitzen, wenn man es auch durchsetzen kann. Ich fange bei der Frage an: Warum ist die Gesellschaft – oder genauer: Warum sind jene in wirtschaftlichen und gesellschaftlichen Machtpositionen – auf uns angewiesen? Es gibt viele Antworten auf diese Frage, die alle auf verschiedene Menschen zutreffen, aber es gibt auch eine ganz grundlegende: Sie brauchen uns, damit wir arbeiten und konsumieren, sonst funktioniert eine kapitalistische Wirtschaft nicht. Das ist die Basis für eine wirkungsvolle Forderung sozialer Grundrechte. Es ist daher wichtig, dass wir eine Gesellschaft haben, in der wir die Beschäftigung maximieren können, auch wenn manche dieser Beschäftigungen von minderer Qualität sind – dann muss man daran arbeiten, dass sich ihre Qualität verbessert. Es gab vor einigen Jahren eine große – wenn auch unterschwellige – Auseinandersetzungen in europäischen Arbeiterbewegungen, die mittlerweile, glaube ich, beigelegt wurden, zwischen Skandinavien und Deutschland. Die Skandinavier meinten: Der Bürger ist ein Arbeitnehmer, also maximieren wir das Recht und die Pflicht auf Arbeit, und soziale Rechte sind dann eine Auswirkung davon. Dagegen argumentierte die deutsche Arbeiterbewegung, dass es nicht genug Arbeit für alle gebe und die einzige Art, damit umzugehen, sei, die Arbeitszeit, die Anzahl der Arbeitskräfte und die Teilhabe der Frauen an der Wirtschaft zu verringern. So als ob es eine bestimmte Menge an Arbeit gäbe und die Arbeitskraft gesteigert werden könnte, wenn man die Anzahl der Menschen, die sie verrichtete, reduzieren würde. Ich denke wir wissen jetzt, dass die Skandinavier Recht hatten, es ist ein ein zentrales Charakteristikum menschlicher Arbeit, wahrscheinlich insbesondere in postindustriellen Gesellschaften, dass wir umso mehr Arbeit für einander schaffen, je mehr Arbeiter es gibt. Denn je mehr wir für einander tun, desto mehr Geld haben wir, und wir geben dieses dafür aus, was auf der ganzen Welt gemacht wird. Und je mehr Menschen arbeiten, desto mehr zahlen Steuern und desto einfacher lassen sich öffentliche Dienstleistungen finanzieren. Ich denke, wir alle profitieren von einer expandierenden Wirtschaft und ich denke, dass mittlerweile auch die deutsche Arbeiterbewegung begonnen hat, die Dinge so zu sehen. Die Strategie, das Arbeitskräfteangebot zu beschränken, funktioniert nicht. Es führt zu einer immer kleineren Arbeiterschaft, was zu einem immer geringeren Steueraufkommen führt. Dennoch muss das Modell des erwerbstätigen Bürgers in zweierlei Hinsicht angepasst werden: Erstens müssen einige Formen der unbezahlten Arbeit – hauptsächlich familiäre Betreuungsarbeit für Kinder, für Menschen mit Behinderung oder für ältere Menschen – als vollkommen gleichwertige Arbeit anerkannt werden. Zweitens benötigen wir, da gesellschaftliche Anerkennung oft an den durch bezahlte Arbeit ermöglichten Lebensstandard gebunden ist, einen redistributiven Sozialstaat, der Lebensstandard vom Einkommensniveau etwas entkoppelt.

Peter Engelmann: Es scheint, als würde Frankreich noch immer an der Beschränkung des Arbeitskräfteangebots festhalten und an den Erfolg dieser Idee glauben.

Colin Crouch: Stimmt, Frankreich hat das noch nicht verstanden. Obwohl das paradox ist, denn Frankreich unterstützt die Erwerbstätigkeit von Frauen viel stärker als es Deutschland tut, da ist Frankreich viel besser, und dies schon seit langem. Eine Zeit lang schien es, als ähnele Frankreich den skandinavischen Ländern oder Großbritannien bei der Erwerbsquote der Frauen. In modernen Gesellschaften hängt die Anzahl der Beschäftigten sehr stark von der Größe der erwerbstätigen weiblichen Bevölkerung ab. Hier benutze ich das neoliberale Argument, dass Arbeit Arbeit schafft und Wirtschaftsaktivität mehr Wirtschaftsaktivität. Je mehr wir zulassen, dass die Produktion nach China abwandert, desto mehr chinesische Arbeiter verdienen Geld, das sie dann ausgeben und womit sie auch bei uns die Produktion ankurbeln. Man denke nur an die vielen chinesischen Besucher in Wien, London oder Paris ... Es gibt mittlerweile eine große chinesische Mittelschicht, die hier Geld ausgibt und Qualitätswaren kauft, die in Ländern mit qualifizierten Arbeitskräften und starker Infrastruktur hergestellt werden. Globalisierung ist keine Einbahnstraße, auf der westliche Arbeit in den Osten abwandert. Sie kommt zurück, in vielerlei Gestalt.

Peter Engelmann: Gewerkschaften argumentieren gegen die Globalisierung, sie sagen, dass sie uns die Arbeit wegnimmt, aber in Wirklichkeit …

Colin Crouch: … kommt sie zurück.

Peter Engelmann: Auf der anderen Seite behaupten sie immer, sie seien international. Als internationale Bewegung sollte es doch in ihrem Interesse sein, dass chinesische Arbeiter genug Geld verdienen, um sich Reisen in westliche Länder leisten zu können.

Colin Crouch: Ja. Sich selbst überlassen würden Marktkräfte und transnationale Konzerne eine Welt schaffen, in der dieser Prozess, den ich soeben beschrieben habe, zu langsam voran ginge: Der Druck auf Beschäftigung und Löhne wird in den fortgeschrittenen Ländern steigen, während die Ausbeutung in den Entwicklungsländern auf extremem Niveau bleibt. Es muss Druck gemacht werden, damit sich die Arbeitsbedingungen im Fernen Osten verbessern, sowohl, um Verbesserungen für die dortigen Arbeiter zu erwirken, als auch um die Auswirkungen der schlechten Arbeitsbedingungen dort auf die Arbeiter in den traditionellen Volkswirtschaften abzuschwächen. Es gibt Bewegungen, die sich für eine Regulierung der Arbeitsbedingungen in Asien einsetzen – interessante Kooperationen zwischen dem Internationalen Gewerkschaftsbund und verschiedenen Organisationen für Entwicklungszusammenarbeit, oft unter der Mithilfe der Internationalen Arbeitsorganisation. In Asien herrschen derzeit fürchterliche Arbeitsbedingungen. In Bangladesch gibt es zum Beispiel Frauen, die 18 Stunden am Tag arbeiten – sie produzieren Jeans und T-Shirts für den westlichen Markt – und es gibt anhaltenden Druck, diese Güter noch billiger in westlichen Geschäften anzubieten.[19] Sie können aus diesen Frauen nicht mehr Arbeit herausquetschen, also bekommen diese einfach immer weniger Geld für die Arbeit, die sie verrichten. Das müssen wir regulieren. Anfangs wird das zu einer geringeren Beschäftigung in diesen Ländern führen, aber solange die Globalisierung fortschreitet, werden am Ende Angebot und Nachfrage überall wachsen.

Peter Engelmann: Wenn ich dich richtig verstehe, so geht es dir nicht darum, eine Struktur zu erkennen, aus der sich allgemeine Menschenrechte ableiten ließen. Du versuchst nicht, sie in einem allumfassenden Prinzip zu begründen, sondern in der Komplexität menschlichen Lebens.

Colin Crouch: Nun, ich sagte, dass du nur dann ein Recht besitzt, wenn du über eine Machtbasis verfügst, dieses einzufordern.

Peter Engelmann: Da widerspreche ich dir, weil – das, was ich jetzt sage, ist rein emotional und nicht rational begründet – jemand in Teheran in meinen Augen sehr wohl das Recht hat, für seine politische Meinung nicht gefoltert und getötet zu werden. Ich denke, Menschenrechte zu proklamieren ist nur ein Hilfsmittel, eine politische Strategie. Mit meinem dekonstruktivistischen Hintergrund fällt es mir selbstverständlich schwer, Argumente für allgemein gültige Rechte zu finden, aber ich denke doch, dass es richtig ist, diese einzufordern, um auf Regime, die aus politischen Gründen foltern und töten, Druck auszuüben.

Colin Crouch: Nein, damit bin ich voll und ganz einverstanden, denn ein Aspekt von Politik ist die Mobilisierung von Leidenschaften, wie Max Weber schreibt.[20] Und wenn man eine überzeugende Sprache verwendet, mit der man sagt, dass Menschen das Recht haben sollen nicht gefoltert zu werden, das Recht, sich auf einem öffentlichen Platz in der Türkei zu versammeln,[21] ohne von Polizisten mit Tränengas besprüht zu werden, ja, wenn man Menschen auf dieser Grundlage dazu mobilisieren kann, sich umeinander zu kümmern und Briefe an ihre Regierungen zu schreiben, damit diese den Zorn da draußen auch bemerken, dann ist das gut und immer nützlich. Mein Problem mit der juristischen Sprache, insbesondere mit der Sprache von Anwälten, ist, dass sie vorgibt, man könne mit ihr diese Rechte in einem formalen Gesetz einbetten und verankern und dies reiche aus. In meinen Augen vernachlässigt das die Tatsache, dass wir sicherstellen müssen, dass die Menschen die Macht haben, ihre Rechte durchzusetzen. Das ist nicht etwas, das man in ein Rechtssystem aufnehmen und damit für sie erledigen kann, man muss ständig den Blick darauf richten, welche Möglichkeiten Menschen haben, ihre Rechte durchzusetzen. In gewisser Weise ähnelt dein Argument für das Einbringen von Rechten in einer leidenschaftlichen Debatte meinem Gedanken, weil wir beide sagen, dass es nicht ausreicht, ein Recht formal zu verkünden. Wir brauchen sowohl Leidenschaft als auch Widerstand und wir müssen den Blick immer darauf gerichtet haben. Also sind wir uns nicht wirklich uneinig.

Peter Engelmann: Ich habe den Eindruck, dass unser Gespräch immer wieder auf Fragen der Ethik und Moral zurückkommt – wie auf die Frage der Menschenrechte. Wir haben auch gesehen, dass die Bewertung von Externalitäten als negative oder positive von dem jeweiligen

Wertesystem einer national, religiös oder ethnisch definierten Gruppe abhängt. Grundlegend scheint mir daher die Frage: Welche moralischen Maßstäbe erlauben es uns, in den Markt korrigierend einzugreifen? Setzen wir diese Diskussion auf die morgige Tagesordnung.

Zweites Gespräch

Die Moral von Marktinterventionen

Peter Engelmann: Das Thema heute könnte lauten: Was hat Moral mit dem Markt zu tun? Und die Frage dahinter lautet: Wie kann man das Eingreifen in den Markt moralisch rechtfertigen? Das, was als moralische Richtlinien einer Gesellschaft verstanden wird, hat sich geschichtlich betrachtet oft als gewalttätig und qualvoll für die Bevölkerung herausgestellt. Dahinter steht die Frage nach der Legitimation, die wir unseren Handlungen geben. Ich meine, auf einer emotionalen und unreflektierten Ebene ist es natürlich leicht zu sagen, ja, die Armen sollten nicht so arm sein, es sollte soziale Gerechtigkeit herrschen und so weiter. Aber wir sollten das reflektieren.

Colin Crouch: Ich denke, wir können mit der Aussage beginnen, dass eine Handlung gut ist, wenn sie menschliche Fähigkeiten erweitert. Hier ist die gemeinsame Arbeit von Amartya Sen[1], dem indischen Nobelpreisträger und Ökonom, und der amerikanischen Philosophin Martha Nussbaum[2] über das Konzept der Fähigkeiten sehr wichtig. Sen und Nussbaum verwenden dieses Konzept, um über die Idee der Wahlfreiheit auch der individuellen, und über die Idee der Chancengleichheit hinauszugehen. Sie behaupten, dass nicht nur die Möglichkeit zu wählen für die

Menschen wichtig sei, was eine rein marktwirtschaftliche Überlegung ist, sondern dass sie Fähigkeiten besitzen, die es ihnen erlauben, das beste aus ihrem Leben zu machen, Fähigkeiten, die sie in die Lage versetzen, Entscheidungen zu treffen und Möglichkeiten zu nutzen. Und damit bewegen wir uns sofort weg von einer rein negativen Freiheit, den Bedürfnissen des Marktes, hin zu einer Art positiver Freiheit, die nicht reglementiert, sondern das Leben verbessert. Und das führt auch sofort zu einer Legitimierung der öffentlichen Ordnung. Sen hat fast sein ganzes Leben in England und Amerika verbracht, aber er ist Inder, also denkt er immer an die Menschen in armen Ländern. Die Menschen brauchen Wasser, die Menschen brauchen Nahrung, aber dann geht es weiter: die Menschen brauchen ihre Gesundheit, die Menschen brauchen ein gewisses Bildungsniveau. Ohne diese Dinge ist kein Mensch in der Lage, gute Entscheidungen zu treffen. Also könnte man mit der Frage beginnen: Was benötigen die Menschen, um ihre Wahlfreiheit zu vergrößern? Und man könnte sagen, eine Handlung ist eine gute Handlung, wenn sie hilft, die Fähigkeiten von Menschen zu erweitern, vorausgesetzt, sie schadet nicht anderen.

Peter Engelmann: Okay, das ist Kant.

Colin Crouch: Ja, das ist ein kantischer Standpunkt. Und wenn wir nun am Markt mit einer negativen Externalität konfrontiert sind, sagen wir: Nun, wenn wir hier eingreifen, wenn wir eine Intervention fordern, hilft diese dann anderen Menschen, ihre Fähigkeiten auszubauen, ohne anderen zu schaden? Man kann glaubhaft machen, dass es Interventionen braucht, um den Markt zu korrigieren. Es wird Konflikte geben, weil es oft der Fall ist, dass die Erweiterung der Fähigkeiten Einiger auf Kosten Anderer geschieht. Gleichzeitig würde eine Beschränkung des Marktes auch die Fähigkeiten einiger Menschen auf Kosten derer erweitern, die vom Markt profitieren. Also löst das Konzept nicht alle Dilemmata, aber ich glaube, es beantwortet deine erste Frage, wann ist es legitim zu sagen: Ah! Hier könnte es Anlass für staatliche Maßnahmen geben. Unser Ausgangspunkt ist: Wann verbessert eine Maßnahme die Kapazitäten und Fähigkeiten der Menschen?

Peter Engelmann: Also wäre der Ausgangspunkt eine moralische Position.

Colin Crouch: Moral ist komplex. Moral bedeutet immer eine Einschränkung des Handelns. Sie ist eine Einschränkung von Unterdrückung. Und es gibt zwei sehr unterschiedliche Arten, moralische Argumente zu verwenden. Die erste ist, dass wir sagen: Dies ist eine Einschränkung, die ich an mir selbst erlebe, und aus moralischen Gründen sollte ich handeln. Nicht aus eigenem Interesse, sondern aus moralischen Gründen muss ich auf bestimmte Weise handeln. Und zweitens nutzen wir moralische Argumente, wenn wir sagen: Das ist ein Verhalten, die wir anderen Menschen auferlegen müssen. Und hier wird es gefährlich.

Peter Engelmann: Aber kann man diese beiden Aspekte voneinander trennen? Ist eine private, nur auf die eigene Person bezogene Moral nicht ein Widerspruch in sich?

Colin Crouch: Ja, aber wir müssen immer gewillt sein, uns selbst in die moralische Haltung, die wir vertreten, einzubeziehen. Wird Moral eine Zwangsmaßnahme und negativ, dann wird sie zu jener dunklen Macht, die wir in der Geschichte kennengelernt haben, wo jene Menschen, die für sich selbst das Recht in Anspruch genommen haben, anderen eine Moral vorzuschreiben, sich selbst oft außerhalb dieser gestellt haben.

Peter Engelmann: Die Frage ist: Wie kommen wir vom Individuellen zu etwas Allgemeinerem?

Colin Crouch: Ja, und das ist meiner Ansicht nach jener Punkt, wo wir den Gedanken der Fähigkeiten einbringen können. Eine Möglichkeit zu überprüfen, ob wir das Recht haben, im Namen moralischer Werte Ansprüche zu erheben, lautet: Erweitern diese Werte menschliche Fähigkeiten, ohne anderen dabei zu schaden?

Peter Engelmann: Also ist es eine Art Übersetzung des Kategorischen Imperativs von Kant.

Colin Crouch: Ja, eine Übersetzung in die Sozialpolitik.

Peter Engelmann: In die moderne Sozialpolitik.

Colin Crouch: Ja, und damit hat man etwas, womit man argumentieren kann. Es gibt auch einen alternativen Ansatz: eine Handlung ist dann moralisch, wenn sie menschliches Leben schützt und unmoralisch, wenn sie ihm schadet. Das war das große Thema von Papst Johannes Paul II. und er setzte diesen Gedanken auf verschiedene Art und Weise ein. Etwa, um sich Kriegen entgegenzustellen, oder aber auch, um sich gegen Abtreibung und Verhütung zu wenden. Hier gibt es ein grundlegendes Prinzip. Manchmal will man ihm widersprechen oder es bekämpfen, aber zumindest weiß man, dass es ein starkes Prinzip gibt, an dem man ansetzen kann. Ich denke, der Ansatz der menschlichen Fähigkeiten geht einen Schritt weiter als jener von Papst Johannes Paul II.; er ist eine Art sozialdemokratischer Version von letzteren. Wir müssen nun versuchen zu schauen, ob es moralische Prinzipien gibt, die man in soziale Prinzipien verwandeln möchte, die nicht in dem Gedanken der Verbesserung menschlicher Fähigkeiten enthalten sind. Das beantwortet das Problem, das du erwähntest, dass das Beharren auf moralischem Handeln eine sehr dunkle Geschichte hat. Wenn man stattdessen von der Erweiterung menschlicher Fähigkeiten spricht, könnte man das womöglich verhindern. Aber wahrscheinlich hätte ein Jesuit im 16. Jahrhundert auch zu argumentieren vermocht, dass die Menschen auf dem Scheiterhaufen zu verbrennen auch zur Erweiterung menschlicher Fähigkeiten beiträgt … (*lacht*)

Peter Engelmann: Man könnte das bis heute weiterführen …

Colin Crouch: Nun ja, er müsste dann wahrscheinlich argumentieren, er verbrenne jetzt eine Person, um ihr ewiges Leben zu garantieren. Aber wenn wir nun sagen, nein, deine Moral muss sich mit dem befassen, was wir über dieses Leben wissen, dann denke ich, wäre es schwieriger, die Verbrennung auf dem Scheiterhaufen zu rechtfertigen.

Peter Engelmann: Da bin ich mir nicht sicher. Man denke nur an die Russische Revolution und an Stalin. Sie brauchten kein Jenseits, um ihr Handeln zu legitimieren.

Colin Crouch: Nein, das brauchten sie nicht, aber ich glaube nicht, dass sie in der Lage gewesen wären zu sagen, dass es menschliche Fähigkeiten erweitere.

Peter Engelmann: Sie mordeten und folterten, um die Revolution des Proletariats voranzutreiben.

Colin Crouch: Ja, aber das ist der große Unterschied: Meine Auffassung leitet sich aus der Renaissance und der Aufklärung her, insofern als sie sich mit dem Leben realer Menschen beschäftigt, mit den Fähigkeiten nicht etwa eines abstrakten Proletariats, sondern realer Menschen. Der Kommunismus hat mit dem Christentum vor der Renaissance und mit dem heutigen radikalen Islam gemein, nicht primär auf das Individuum zu fokussieren. Wenn man das mittelalterliche Christentum und den heutigen radikalen Islam betrachtet, so behaupten beide, dass das Leben eines Individuums nicht so wichtig sei. Für den traditionellen Katholizismus hat menschliches Leben nur insofern einen Wert, als es eine Ausstrahlung des göttlichen Geistes ist, und nicht für sich selbst als kantischer Zweck. Für den radikalen Islam ist nur Gott wichtig, Allah, das Leben der einzelnen Menschen ist Ihm untergeordnet. Der Kommunismus ordnete das Leben realer Menschen einem abstrakten Proletariat der Zukunft unter. Das habe ich in unserem ersten Gespräch gemeint: Der Kommunismus ist Teil eines religiösen Denksystems. Er hat in Wahrheit ein Jenseits.

Peter Engelmann: Ein säkulares Jenseits.

Colin Crouch: Ja, eine säkulare Variante desselben, weil es dieses abstrakte Konzept eines Proletariats ist, das nicht dasselbe ist wie die Betrachtung realer Menschen. Niemals. Nicht einmal bei Marx selbst, da muss man gar nicht erst auf Lenin warten. Es ist dieses abstrakte Ding, es hat nichts mit den heutigen Menschen zu tun, es sind jene, die am Ende des hegelianischen Prozesses angelangt sind, es ist ein Jenseits. Und das muss man ablehnen. Wir müssen darauf bestehen, dass wir nichts ins Auge fassen können, was über das Leben realer Menschen hinausgeht. Das wiederum wirft eine zweite, schwierigere Reihe von Problemen auf:

Wie weit in zukünftige Generationen hinein müssen wir uns Gedanken machen? Das ist für unser heutiges Leben im Zusammenhang mit dem Klimawandel sehr relevant. Aber auch diese Frage muss in Hinblick auf reale Menschen beantwortet werden und nicht auf abstrakte, die wir definieren, und unsere Sorge gilt noch immer der Erweiterung ihrer aller Fähigkeiten, ohne anderen zu schaden. Ich glaube nicht, dass Stalin diese Prüfung besteht. Auch nicht die Inquisition.

Peter Engelmann: Zukünftige Leben, zukünftige Generationen – sind das nicht auch Abstraktionen?

Colin Crouch: Nun, darum geht es. Das ist heutzutage angesichts des Klimawandels besonders schwierig. Im kleineren Maßstab ist das, historisch gesehen, keine einzigartige Situation. Ein Hauptgrund dafür, dass Venedig heute stark von Überflutungen bedroht ist, ist, dass sie im 16. Jahrhundert die Lagune gesäubert haben. Sie hatten Angst, sie würde verschlammen und die Mobilität ihrer Kriegsschiffe dadurch einschränken. Daher leiteten sie ihre Flüsse um, die den Sand angeschwemmt hatten. Hätten wir nun einem Venezianer im 16. Jahrhundert gesagt: Wenn ihr das tut, wird es in 400 Jahren eine große Flut geben, hätte er vermutlich geantwortet: Wenn wir das nicht tun, gibt es in 400 Jahren kein Venedig mehr! Das ist für die heutige Diskussion über den Klimawandel relevant, und es ist eine schwierige Frage: Wie weit in die Zukunft haben wir die Aufgabe, uns Gedanken zu machen? Ich habe Enkelkinder, also mache ich mir um ihre Generation Gedanken. Mache ich mir aber um ihre Kinder Gedanken, die ich nie kennenlernen werde? Über eine persönliche Ebene hinaus: Wie weit in die Zukunft ist die Politik verantwortlich? Politikern fällt es schwer, über die nächsten Wahlen hinaus zu denken; es kann sein, dass alles, was sie tun, in den nächsten vier Jahren erreicht werden muss. Aber auf einer noch höheren Ebene: Wie weit in die Zukunft liegt es in unserer Verantwortung, uns Gedanken zu machen? Ich glaube nicht, dass man das beantworten kann. Aber man muss es diskutieren.

Peter Engelmann: Ist das nicht ein anderer Aspekt der Frage von Privat- und Gemeinschaftsgütern? Du weißt ja, für das menschliche Leben wie für die Gesellschaft ist das Abstrahieren eine Notwendigkeit, egal in welchen Lebensbereichen. Wir können der Abstraktion nicht entrinnen. Es ist ein ganz grundlegender menschlicher Zugang zu Sprache und Denken. Wie gehen wir mit Abstraktion um und wie bewahren wir den Wert des Individuums? Wir haben vorhin festgestellt, dass das Beharren auf dem Individuum, ohne dabei die Frage der Abstraktionen zu vergessen, ein Aspekt ist, den deine Arbeit mit Derridas philosophischem Denken teilt, und dies ist auch zentraler Bestandteil meiner Arbeit.

Colin Crouch: Das Individuum braucht häufig das Kollektiv. Tatsächlich ist der Begriff des Kollektivs komplex und man muss ihn wahrscheinlich in vielerlei Hinsicht auseinandernehmen. Ich will aber darauf bestehen, dass man, auch wenn man abstrahiert, sein Denken einer Realitätsprüfung unterziehen muss: In welcher Beziehung steht diese oder jene Handlung zu dem Leben realer Menschen, die entweder jetzt existieren oder (und das ist schon problematischer) in der Zukunft? Aber es gibt diese vielen Bereiche, wo wir als Einzelne, mit Ausnahme einer sehr, sehr kleinen Anzahl reicher Personen, nichts erreichen können und daher von Gemeinschaften unbekannten Ausmaßes abhängig ist, von Gemeinschaften von völlig fremden Personen. Wenn man bei Gemeinschaften von Menschen bleibt, die man persönlich kennt, endet das damit, dass man keine moralischen Verpflichtungen außerhalb seiner eigenen Familie oder der engen lokalen Gemeinschaft sieht – man ist somit bei der sizilianischen Familie angekommen, was wiederum zu mafiosen Konstellationen führt. (*lacht*) Das passiert oft in Südeuropa, und auch in Zentral- und Osteuropa. Die Menschen entwickeln starke Vertrauensbeziehungen innerhalb der Familie und der Gemeinschaft, fühlen sich aber nicht in der Lage, jemandem außerhalb dieser Grenzen zu vertrauen und machen sich infolge auch keine Gedanken über Gemeinschaft auf einer abstrakteren Ebene. Wo Vertrauen derart begrenzt ist, hat man keine Möglichkeit, Vertrauen zu üben und vertrauensvoll zu agieren, wenn die Identität des Anderen unbekannt ist, was wiederum den eigenen Handlungsspielraum beträchtlich einschränkt. Daher sind wir auf staatliche Institutionen angewiesen, deren Wirkungskraft wir vertrauen können. Denn dann brauchen wir den konkreten Menschen, mit denen wir es zu tun haben, nicht mehr zu vertrauen, sondern nur den Institutionen, die Gerechtigkeit für uns schaffen, sollte jemand unser Vertrauen missbrauchen. Über solche Argumente kann man zu der Idee eines abstrakten öffentlichen Raumes gelangen, aber bei dieser Abstraktion handelt es sich immer noch um das Leben, das beschreibbare Leben empirischer Menschen. Man muss nicht zur schrecklichen Ära des Kommunismus und des Faschismus zurückzukehren, wo eine abstrakte Bevölkerung der realen entgegengesetzt wurde.

Peter Engelmann: Ich frage mich, ob man deine Überlegungen zu Abstraktionen und zur Bedeutung des Individuums mit unserer vorhergehenden Diskussion über negative

Externalitäten verbinden kann. Du beharrst darauf, dass die Marktwirtschaft die beste Wirtschaftsform ist, die wir kennen, aber es ist unbestreitbar, dass sie negative Externalitäten erzeugt. Eine Gesellschaft hat die Aufgabe, Mittel und Wege zu finden, um diese zu kontrollieren und zu korrigieren.

Colin Crouch: Ja, und das ist der Stoff für politische Konflikte. Wir leben in sehr heterogenen Gesellschaften, wir wollen Diversität in unserer Gesellschaft. Daher müssen wir Auseinandersetzungen über diese Themen auch begrüßen. In einer habermasschen Welt würden diese Angelegenheiten diskursiv überwunden, aber wir wissen, dass Habermas' Welt nur im kleinen Zirkeln von aufgeklärten Personen funktioniert, die nach dem Abendessen um den Tisch herum sitzen und diese Angelegenheiten in aufklärerischer Weise diskutieren. Mit der Massendemokratie ist das viel schwieriger. Dieser Prozess, der in einer säkularen Gesellschaft das Heiligste ist, was wir tun können, nämlich über die Werte zu diskutieren, die uns als Richtlinien für korrigierende Eingriffe in den Markt dienen, muss daher in der Realität durch den schmutzigen Prozess der Politik. In Italien sagt man: Ein Universitätsprofessor zu sein ist gut und schön, das Problem ist nur, dass man, um einer zu werden, durch einen Abwasserkanal kriechen muss. Das gilt womöglich auch für die Art, wie wir im öffentlichen Leben moralische Ergebnisse erzielen. Um zu kollektiven Entscheidungen über das Wesen einer Gesellschaft und ihrer Werte zu kommen, müssen wir durch den schmutzigen Prozess der Politik. Das bedeutet immer eine Verunreinung dieses Prozesses, wobei das Ausmaß variiert. Einige Demokratien sind „sauberer" als andere, und wir wissen, wie man Regeln gestalten muss, um die Dinge sauberer zu machen. Reden wir aber über die tatsächliche Umsetzung von Politik in der Gesellschaft und nicht nur darüber, wie wir dies als Akademiker diskutieren, dann sind wir schlussendlich immer auf Machtträger angewiesen, um zu handeln. Und Machtträger sind per definitionem Menschen, die dem Gedanken, Macht zu haben und auszuüben, sehr zugetan sind. Vielleicht wollen sie sie für gute Zwecke einsetzen, aber sie werden sie auch für eigennützige Zwecke einsetzen. Das ist beim Einsatz dieser gefährlichen Ressource unumgänglich, und jene, die Macht ausüben, sind üblicherweise gefährliche Menschen. Das ist eben Teil der conditio humana, denke ich. Wir kommen nicht darüber hinaus. In kleinen Gemeinschaften, in einem kleinen Schweizer Kanton vielleicht, kann man viel mit einer allgemeinen Debatte erreichen. Aber gelangt man einmal zu den großen Entscheidungen, dann funktioniert das nicht mehr. Die Schweizer können das bezeugen: Als in der jüngsten Finanzkrise die Schweizer Banken geretter werden mussten, gab es kein Referendum. Die Regierung schaltete quasi auf Notstromversorgung um. So etwas wird immer passieren. Und je größer und wichtiger die Entscheidung, desto mehr Macht kommt ins Spiel.

Wer soll den Markt korrigieren?

Peter Engelmann: Damit kommen wir zu einer sehr wichtigen Frage: Wer ist in der Lage, die Märkte zu kontrollieren und zu korrigieren? In deiner Arbeit nennst du die sozialdemokratischen Parteien und die Sozialdemokratie als politische Bewegung, aber du betonst, dass heutzutage auch andere soziale und politische Kräfte hinzukommen, die eine zunehmend wichtige Rolle spielen. Wir können uns nicht auf die politischen Parteien allein verlassen.

Colin Crouch: Ja, und diese Bewegungen haben eine gewisse Kontrolle über Regierungsvorgänge. Die Bedeutung des Begriffs „Zivilgesellschaft" hat sich im Laufe der Zeit stark verändert. Diese Veränderung begann mit der lateinischen Übersetzung von Aristoteles' Begriff der *politeia* als *societas civilis*, also „Zivilgesellschaft". Das war im Florenz des 16. Jahrhunderts.[3] Bis dahin war Aristoteles nicht ins Lateinische übersetzt worden. Für ihn gab es eine Konstellation von Institutionen, aus der sich das Gemeinschaftsleben des griechischen Stadtstaates zusammensetzte. Die *politeia* war dem *oikos* gegenübergestellt, der privaten Hausgemeinschaft. Kam man aus dem *oikos* in den öffentlichen Raum, betrat man das öffentliche Geschäftsleben der Stadt, der das Forum und die *agora*, den Markt, umfasste. Der Markt – und das dürfen wir nicht vergessen – ist etwas Öffentliches. Es ist ein rein öffentliches Gut. Man kann zwar einen einzelnen Markt besitzen, eine Börse etwa, aber der Markt, wie ihn Ökonomen verstehen, ist eigentlich etwas Öffentliches. Es ist seltsam, dass Ökonomie sich von *oikos* herleitet, was der Privathaushalt war, und nicht von *agora*. Dasselbe gilt für das Wort „Wirtschaft". Jedenfalls umfasste der Begriff *politeia*, der in den lateinischen Sprachen zur Zivilgesellschaft wurde, sowohl das, was wir heute unter Politik als auch das, was wir unter Markt verstehen – den öffentlichen Diskurs des Forums und das gemeinsame Handeln. Als sich die Idee der Zivilgesellschaft im Laufe der Jahrhunderte weiterentwickelte, geschah etwas Seltsames: Der Staat wurde aus dem Begriff der Zivilgesellschaft ausgeklammert. Obwohl das Wort „Politik", das von Aristoteles kommt, die Geschäfte von Staaten beschreibt, wird der Staat selbst nicht mehr als Teil der Zivilgesellschaft angesehen. Und bei Hegel und Marx wird dann die Zivilgesellschaft mit der Marktwirtschaft gleichgesetzt. Auf jeden Fall bedeutete Zivilgesellschaft für Marx eine liberale, privatisierte Gesellschaft auf Basis des Marktes. Zwei Begriffe, die einst dieselbe Bedeutung hatten – *politeia* und *societas civilis* – sind praktisch zu Gegensätzen geworden und bezeichnen den Bereich des Staates und den des Marktes. Sehr seltsam. Dann veränderte sich die Bedeutung erneut, als verschiedene regimekritische lateinamerikanische und osteuropäische Schriftsteller in den 1980er Jahren die Zivilgesellschaft als etwas identifizierten, das weder dem Markt noch dem Staat zugehört, sondern außerhalb von deren Reichweite als öffentlicher Bereich der Bürger existiert. Die letzte wirklich gute Forschungsarbeit darüber entstand im Zuge eines großen Projektes über die Zivilgesellschaft unter der Leitung von Jürgen Kocka, als er noch am WZB (Wirtschaftszentrum Berlin für Sozialforschung) tätig war.[4] Er hat eine wunderbare Definition für „Zivilgesellschaft": Für ihn ist sie nämlich explizit das, wo Markt und Staat aufhören. Sie ist außerhalb von Markt und Staat. Und Kocka sieht sowohl den Markt als auch den Staat als Strukturen, die in unterschiedlicher Weise einschränken. Die Zivilgesellschaft ist dort, wo wir von diesen befreit sind – eine ziemlich habermassche Auffassung also. Aber es bedeutet, dass nach unserem heutigen Verständnis die Zivilgesellschaft ein öffentlicher Raum außerhalb des Bereiches von Konzernen und außerhalb des staatlichen Bereiches ist. Sie bezeichnet jene Gruppen – teils formale, teils informale Organisationen –, die sich auf das eine oder andere kollektive Interesse richten, die aber nicht Teil des Staates sind.

Peter Engelmann: Aber ist die Zivilgesellschaft, der heutigen Bedeutung nach, nicht einfach der Ort, wo der Bürger mehr als ein Marktteilnehmer und mehr als ein Teil des Staates ist?

Colin Crouch: Ja, genau.

Peter Engelmann: Die Quelle für Marktkorrekturen, wo man die Mittel, die Richtlinien, die Regeln findet …

Colin Crouch: Ja, in der Tat. Wir neigen ja dazu, bei dem Begriff sofort an Protestorganisationen zu denken. Aber die Zivilgesellschaft besteht nicht nur aus diesen. Man denke etwa an Organisationen, die für den Umweltschutz eintreten, manchmal große bürokratische Strukturen, wie der Bund für Umwelt und Naturschutz in Deutschland. Im Vereinigten Königreich haben wir eine Institution, die sich National Trust nennt, eine typisch britische Einrichtung. Sie erwirbt Grundbesitz – Naturschutzgebiete oder prachtvolle alte Gebäude – und macht sie für die Öffentlichkeit zugänglich, bei Freiluftanlagen sogar üblicherweise gratis. Bei Gebäuden muss man meistens Eintritt zahlen. Der National Trust löst diese Räume aus dem Privatbesitz, kauft sie den Privatbesitzern ab und macht sie somit öffentlich, sie sind aber nicht in staatlicher Hand. Der Trust hat einen Rechtsstatus und ist daher insofern vom Staat abhängig, als dieser ihm das Existenzrecht sichert; er ist dem Staat also nicht feindselig gesinnt, sondern nur von ihm geschieden, nur davon getrennt. Historisch betrachtet war er immer schon eine eher konservative Einrichtung, die in den Kauf von Adelsbesitz involviert war und so dieses britische Erbe gepflegt hat; aber er nimmt oft radikale politische Positionen ein. Wenn der Staat beginnt, mit Bauunternehmen zu liebäugeln zu Ungunsten der Bauten einer alten Stadt, beispielsweise sieht sich der National Trust gegen den Markt und gegen den großen kapitalistischen Staat kämpfen. Daher ist er ein Beispiel für eine Einrichtung, deren Hauptaufgabe sicherlich nicht die Kampagnenorganisation, die sich aber gelegentlich einer solchen bedienen muss. Der National Trust legitimiert sich durch die Tatsache, dass er viele Mitglieder hat. Es gibt in vielen Gesellschaften zahlreiche Beispiele für solche Körperschaften, und sie formen die Gesellschaft zu etwas, das über die geschlossenen Zirkel kleiner Gemeinschaften, über den profitgeleiteten Markt, und die politischen Spiele des Staates hinausgeht. Sie vertreten Ansichten darüber, was ein allgemeines Interesse ist – Ansichten, die nicht unbedingt von allen geteilt werden, aber eben Ansichten, die Beachtung verdienen.

Peter Engelmann: Würdest du sagen, die Marktwirtschaft ist ein Bereich der privaten Interessen und die Zivilgesellschaft einer der allgemein-öffentlichen Interessen, und dass private und allgemeine Interessen immer zwischen diesen beiden Akteuren verhandelt werden, oft in Form von Konflikten?

Colin Crouch: Ja, man findet dort jene Institutionen, die versuchen, Dinge umzusetzen, von denen sie befürchten, dass sie der Markt nicht zulässt. Selbstverständlich nutzen auch diese Institutionen den Markt. Sie kaufen und verkaufen Güter und Dienstleistungen auf dem Markt. Aber sie stellen fest: Es gibt Dinge, von denen wir befürchten oder wissen, dass der Markt sie vernachlässigt und der Staat sie nicht ernst nimmt. Wir machen es uns zur Aufgabe, für diese Dinge zu arbeiten. Aber diese Gruppen haben auch ihre eigenen Legitimitätsprobleme.

Peter Engelmann: Tatsächlich?

Colin Crouch: Ja, weil der Staat und der Markt formal legitimiert sind. Es gibt Regeln; der Markt und der Staat sind regelgeleitet. Die Zivilgesellschaft lehnt Regeln ab.

Sie akzeptiert zwar die Rechtsstaatlichkeit, ist aber potenziell anarchisch. Und so wie es keine Garantie seitens des Staates oder des Marktes gibt, keine Garantie innerhalb des Staates oder des Marktes, gibt es auch keine Garantie in der Zivilgesellschaft, dass die wichtigsten moralischen Fragen aufgegriffen werden.

Peter Engelmann: Könnte man also sagen, dass der Staat und die Zivilgesellschaft zwar tatsächlich die Bereiche gemeinsamer Interessen sind, man aber erfahren musste, dass der Staat seinen Auftrag, öffentliche Interessen zu schützen und zu wahren, oft nicht erfüllt, und dass dies die Bildung nichtstaatlicher Formen von Gemeinschaft zur Folge hat?

Colin Crouch: Ja, und daraus entsteht dann wahrscheinlich etwas Besseres, als wenn wir es dem Staat alleine überlassen, das Allgemeinwohl zu definieren, wie im Modell der Französischen Revolution, der Dritten Französischen Republik.

Peter Engelmann: Ich denke, der Staat hat die Tendenz, Diversität einzuschränken, wo hingegen nichtstaatliche Einrichtungen Diversität per definitionem respektieren.

Colin Crouch: Sie bewahren und schützen das wunderbare Chaos der Dinge. Und wir haben dieses ständige Zusammenspiel, diesen ständigen Konflikt, der nicht aggressiv, sondern respektvoll ist, zwischen Staat und Zivilgesellschaft. Besser geht es wahrscheinlich nicht.

Peter Engelmann: Das bedeutet, dass politische Parteien auch Vertreter allgemeiner Interessen sind.

Colin Crouch: Sie sind Vermittler. Spielen sie ihre Rolle gut, sind sie die Ohren des Staates für die Zivilgesellschaft. Sie hören zu und moderieren, sie sind eine Art Kanal, der den Staat und die Zivilgesellschaft miteinander verbindet. Und es gibt ein Problem, wenn sie diese Verbindung kappen, was heutzutage der Fall ist, wie ich meine. Ein besonders eindrückliches Beispiel ist Italien, wo die politischen Parteien in einer Art selbstreferenziellen Welt leben.

Peter Engelmann: Nicht nur in Italien, würde ich meinen.

Colin Crouch: Italien ist ein Extremfall, weil dieses Land eine sehr lebhafte, starke Zivilgesellschaft hat, die aber bei den Parteien keinen Anklang findet. Es ist eine Warnung an die Parteien in allen Demokratien, dass sie in eine eigene Welt verschwinden können und dann darauf beschränkt sind, mit der breiten Öffentlichkeit über Werbe- und Medienspezialisten zu kommunizieren.

Peter Engelmann: Ist die Korruption der Macht durch die Staatsorganisationen ein eher marginales Problem oder ein zentrales? Politischer Lobbyismus, die Finanzierung politischer Parteien und so weiter. Also nicht nur die Korruption Einzelner. Was sind die Gefahren für politische Parteien, insbesondere für amtierende? Sind sie für politisches Lobbying nicht viel anfälliger als politische Bewegungen?

Colin Crouch: Ja, allerdings.

Peter Engelmann: Brauchen wir mehr Transparenz und bessere Regelungen für die Korruptionsbekämpfung?

Colin Crouch: Ja, denn wenn man sich auf dieser Welt umsieht, findet man verschiedene Grade von Korruption, im engeren wie im weiteren Sinne des Wortes. Und in verschiedenen Ländern herrschen unterschiedliche Regeln. Mit einem Gesetz ist es möglich, auf Transparenz zu beharren und den Fluss der Finanzmittel zu regulieren. Das geschieht auch häufig. Es gibt da etwas anderes, das viel schwieriger ist, sowohl im Gemeinwesen als auch in der Wirtschaft: Ist Korruption erst einmal tief in die politische Kultur eines Landes eingedrungen, lässt sie sich nur sehr schwer wieder vertreiben. Und die Zahl der Fälle, in denen politische Korruption ohne Diktatur reduziert wird, ist denkbar gering. Sobald ein jeder von Korruption ausgeht, ist es sehr schwierig abzusehen, wo Reformen ansetzen könnten. Wenn man sie in einem solchen System bekämpft, ohne dabei selbst von ihr Gebrauch zu machen, kämpft man gleichsam mit einer auf dem Rücken gefesselten Hand. Wenn man dabei jedoch von ihr Gebrauch macht, wäre das Unterfangen sinnlos. Wahrscheinlich sind internationale Transparenzvorschriften hier tatsächlich hilfreich, wenngleich die wirklich Korrupten immer einen Weg finden werden, diese Vorschriften zu umgehen.

Peter Engelmann: Korruption behindert wirtschaftliche Entwicklung – würdest du dieser Aussage zustimmen?

Colin Crouch: Ja, weil sie tatsächlich marktfeindlich ist.

Peter Engelmann: Sie dient der privaten Bereicherung.

Colin Crouch: Und sie geschieht außerhalb des Marktes.

Peter Engelmann: Ist sie das wirklich?

Colin Crouch: Sie ist ein schmutziger Markt, ein Schwarzmarkt. Wenn die meisten Unternehmen in Bezug auf ihre Transaktionen transparent handeln und ihre Steuern zahlen, dann haben jene Unternehmen, die sich auf unehrliche Praktiken einlassen, einen Wettbewerbsvorteil; sie korrumpieren den Markt. Wie wir gestern festgestellt haben, braucht der Markt Gesetze. Einige neoliberale Fürsprecher denken, eine Regulierung könne rein durch private Verträge erzielt werden, aber sie liegen falsch. Korruption heißt auch, sich an Markttransaktionen zu beteiligen, bei denen man durch Gesetzesverstöße einen Vorteil erzielt, und das muss die Dinge unrentabler machen, da deren Vorteil nichts mit ihrer Wettbewerbsfähigkeit zu tun hat. Es liegt ja nicht daran, dass ihre Waren besser sind, sie zahlen beispielsweise nur keine Steuern. Es gibt noch einen zweiten Punkt: Wenn es staatliche Maßnahmen zur Förderungsoptimierung von Unternehmen gibt – zum Beispiel, um die Qualifikationen der Beschäftigten zu verbessern –, dann sind Unternehmen in der Schattenwirtschaft davon ausgeschlossen, was sie ineffizienter macht. Also ja, die Schattenwirtschaft korrumpiert sowohl die öffentliche Ordnung als auch den Markt.

Des Weiteren gibt es die politische Korruption im engeren Sinne, also von politischen Amtsinhabern, die Bestechungsgelder kassieren, und so weiter. Und das ist weiter verbreitet als es den Anschein hat. Es gibt zwei Bedeutungen von Politik und politischem Wettbewerb. Eine bezieht sich auf das Bestreben, bestimmte Vorstellungen von Gesellschaft umzusetzen – das ist die Sprache, die Politiker in der Öffentlichkeit sprechen. Die zweite, die immer schon im Herzen des politischen Lebens existierte, verweist darauf, dass Menschen ein öffentliches Amt aufgrund von Privilegien und Vergütungen bekleiden wollen: Darf ich Minister werden? Darf ich ein Auto haben? Darf ich Macht ausüben? Darf ich Posten mit Freunden und

Verwandten besetzen? Darum ging es in der Politik schon immer, und damit bewegte man sich immer am Rande der Korruption oder befand sich mittendrin.

Peter Engelmann: Aber das ist doch nicht die Hauptsache in der Politik ...

Colin Crouch: Aber im Leben eines einzelnen Politikers wird es oft zur Hauptsache.

Peter Engelmann: Du glaubst wirklich, dass das so wichtig ist in der Politik?

Colin Crouch: Ja! Und daneben gibt es diese viel größere, fast heilige Bedeutung, die wir der Politik beimessen, als jenem Bereich, wo sich unsere kollektiven Unternehmungen als Gesellschaft realisieren. Diese zwei Aufgaben, diese zwei Bedeutungen von Politik, müssen sich in derselben Institution abspielen und die erstere Bedeutung, die ältere, wird es immer geben.

Peter Engelmann: Ich habe diesen ersten Aspekt der Politik immer als einen marginalen gesehen, als eine Art Fehler, der korrigiert werden muss.

Colin Crouch: Historisch gesehen war er zuerst da. Aber die historische Rangfolge tut hier nicht zwingend etwas zur Sache.

Peter Engelmann: Gut, sie spielt auch heutzutage eine Rolle.

Colin Crouch: Und daher ist es unsere Aufgabe als Bürger, auf der zweiten Bedeutung zu beharren.

Peter Engelmann: Ja, das versuchen wir, aber immer mehr Menschen haben den Eindruck, dass sie dies nicht im Rahmen politischer Parteien, also traditioneller politischer Institutionen, bewerkstelligen können. Sie müssen sich anderweitig organisieren. Das gilt insbesondere für junge Menschen, die das Gefühl haben, überhaupt nicht gehört zu werden.

Colin Crouch: Ja, und dann werden Parteien schlicht zum Wettstreit zwischen Personen, die das Vertrauen der Öffentlichkeit wollen, und damit ist man wieder bei nichts anderem als der engeren Bedeutung von Politik angelangt. Wir brauchen soziale Bewegungen, die in Verbindung stehen zu den Parteien – schließlich behaupten Parteien ja auch, bestimmte Anliegen zu vertreten – und um sicherzustellen, dass die Hauptmotivation der Menschen, die wir in die Politik schicken, der Kampf für bestimmte Anliegen ist. So präsentieren sich Politiker ja, aber können wir darauf vertrauen, dass sie dem auch treu bleiben? Daher ist Vertrauen in der Politik so wichtig.

Peter Engelmann: Wir halten also fest: Wir leben in einer Marktwirtschaft und sie ist wichtig; die Marktwirtschaft produziert negative Externalitäten, und wir als Gesellschaft oder als Mitglieder einer Gesellschaft versuchen, diese negativen Externalitäten zu verringern und zu bekämpfen, und dafür stehen uns verschiedene Formen von Gemeinschaft zur Verfügung. Auch ein Einzelner kann sie bekämpfen, aber das ist wahrscheinlich nicht besonders wirkungsvoll.

Colin Crouch: Es sei denn, man ist sehr reich.

Peter Engelmann: Gut, aber sehr reich zu sein bedeutet nicht zwangsläufig, dass man für das Allgemeinwohl kämpft, dass man ein guter Mensch ist, dass man moralisch agiert.

Colin Crouch: Es ist eine der Aufgaben der Politik, Individualisten davon zu überzeugen, dass sie an bestimmten kollektiven Belangen teilhaben müssen, und zwar nicht unbedingt aus moralischen Gründen, sondern zu ihren eigenen Gunsten. Mit der Gründung des Wohlfahrtsstaates nach dem 2. Weltkrieg war man damit ziemlich erfolgreich. Aber es besteht immer die Möglichkeit, dass die Menschen nicht erkennen, wie abhängig sie von einer größeren Gemeinschaft sind. Zum Beispiel könnte jemand behaupten: Es stimmt, dass ich mir eine rein private Gesundheitsvorsorge nicht leisten kann, aber ich glaube nicht, dass ich jemals krank werde, also sehe ich nicht ein, warum ich mit meinen Steuern zu einem öffentlichen Gesundheitswesen beitragen soll. Die Antwort darauf ist, dass die Person ja nicht mit Sicherheit sagen kann, ob sie einmal krank sein wird oder nicht. Wir sind alle aufgefordert, kollektiv zu handeln, weil wir unser Anteil am Risiko nicht kennen.

Peter Engelmann: Also sagst du, dass wir nicht aus moralischen Gründen aufgefordert sind, kollektiv zu agieren, sondern aus einer rationalen Berechnung von Risiken heraus?

Colin Crouch: Ja.

Peter Engelmann: Was wäre die Konsequenz?

Colin Crouch: Es ist wichtig, die Menschen, deren Einkommen über dem Durchschnitt liegt, davon zu überzeugen, zum Gemeinwesen beizutragen, was jenen helfen würde, deren Einkommen unter dem Durchschnitt liegt. Das ist eine zentrale Aufgabe egalitärer Politik. Und man erreicht das, indem man jenen, die über dem Durchschnittseinkommen liegen, sagt: Ihr kennt die Risiken nicht und wenn etwas passiert, werdet ihr auf Mittel angewiesen sein, über die ihr nicht selber verfügt. Zum Beispiel schließt fast niemand eine private Versicherung gegen das Risiko der Arbeitslosigkeit ab. Wird man arbeitslos, hat man vielleicht auch ein wenig Erspartes, auf das man zurückgreifen kann, aber man erwartet, durch öffentliche Mittel so lange unterstützt zu werden, bis man wieder Arbeit gefunden hat – in Form finanzieller Unterstützung, durch verschiedene Beihilfen, aber auch durch Beratungen und Weiterbildungen. Dadurch unterscheidet sich eine zivilisierte Gesellschaft von einer primitiven. Daher denke ich, der Appell an das Gemeinwesen bedeutet, an Menschen zu appellieren, dass es Dinge gibt, für die sie selbst nicht vorsorgen können, die sie aber möglicherweise eines Tages brauchen und auf die sie dann zurückgreifen können, vorausgesetzt, sie haben ihren Beitrag geleistet. Es geht hier teilweise um Risiken, aber auch einfach um Mittel, die zu groß sind, als dass Einzelpersonen sie erwerben, auf die sie dann aber zurückgreifen können, würden sie zu einer kollektiven Vorsorge beitragen. Nur sehr wenige Menschen können sich ihre eigene Kunstsammlung zusammenstellen oder einen großen privaten Park errichten. Deshalb haben wir alle, mit Ausnahme der Superreichen, Interesse daran, öffentliche Museen und öffentliche Parks zu unterstützen, weil wir sie dann nutzen können.Es geht um die Befriedigung persönlicher, privater Bedürfnisse mithilfe kollektiver Mittel. Darüber hinaus gibt es auch einen moralischen Appell, bei dem man zu den Menschen sagt: Gut, du brauchst das nicht, du bist nicht auf öffentliche Mittel angewiesen, aber es gibt arme Menschen, mit denen du Mitgefühl haben musst.

Peter Engelmann: Das ist die Frage, die ich dir gerade stellen wollte: Die Idee der sozialen Gerechtigkeit ist also eine zusätzliche Motivation zu dem soeben Erwähnten?

Colin Crouch: Ja, sie ist eine zusätzliche Motivation, reicht aber alleine nicht aus. Ich erinnere mich an Großbritannien in den 1980er Jahren, als die Labour-Partei sich aufgrund des dezidiert individualistischen Appells des Thatcherismus vom politischen Diskurs ausgeschlossen fühlte. Die Labour-Partei war darauf beschränkt, an das Mitgefühl zu appellieren, was bedeutete, den Großteil der Wähler dazu zu bewegen, sich über die unteren 15 Prozent der Bevölkerung Gedanken zu machen.

Peter Engelmann: Aber sie haben kein Mitgefühl.

Colin Crouch: Naja, ein bisschen vielleicht.

Peter Engelmann: Aber nicht genug.

Colin Crouch: Nicht genug. Einer solchen Argumentation zu folgen bedeutet außerdem, der falschen Überzeugung anzuhängen, dass die Mehrheit nicht auf kollektive Mittel angewiesen sei und auch ohne sie zurechtkomme, man sich aber über jene Menschen Gedanken machen sollte, die dazu nicht in der Lage sind. Und das ist ein sehr gefährlicher Standpunkt für eine politische Bewegung, einerseits, weil es unwahr ist, dass die Mehrheit ohne Unterstützung auskommt, andererseits, weil die Menschen dann sagen könnten: Was kümmert mich diese Minderheit? Die haben es nicht verdient …

Peter Engelmann: Beide Motivationen müssen zusammenlaufen.

Colin Crouch: Man muss den Leuten (außer den Superreichen) klarmachen, dass wir alle auf gemeinsame Ressourcen angewiesen sind oder es sein könnten, und tatsächlich setzt soziale Gerechtigkeit beinahe zufällig ein. Heutzutage ist es möglich, viele Leute über die 1% oder 0,1% sehr wütend zu machen und eine höhere Besteuerung von diesen zu fordern. Und damit plädiert man in gewisser Weise für soziale Gerechtigkeit. Aber für die große Mehrheit der Gesellschaft tritt soziale Gerechtigkeit ein als eine Art mathematische Folgerung des Konzepts der Risikoverteilung und der gemeinsamen Nutzung öffentlicher Güter.

Peter Engelmann: Öffentliche Güter zu haben ist die Hauptbeweggrund für einen Eingriff in den Markt.

Colin Crouch: Ja.

Peter Engelmann: Also, ohne rationale Überlegung, ich empfinde Mitgefühl. Und auch du, Colin. Und ich bin mir nicht sicher, ob das eine unwesentliche Motivation ist.

Colin Crouch: Nein, für uns ist sie womöglich die wichtigste. Weil wir mit privaten Mitteln wahrscheinlich zurechtkommen würden.

Peter Engelmann: Ja, das könnten wir wahrscheinlich, um ehrlich zu sein. Aber ich finde es entsetzlich, wenn Menschen nicht genug zu essen haben. Es gibt viele Beispiele, wie du weißt: junge Künstler, Universitätsbedienstete. Das gibt es also auch in unserem Umfeld, dafür muss man sich nicht in der Arbeiterschicht umsehen.

Colin Crouch: Ja, prekäre Beschäftigungsverhältnisse!

Peter Engelmann: Prekäre Beschäftigungsverhältnisse, genau. Das ist etwas, das mich traurig und wütend macht. Und es motiviert mich, Bücher und all das zu machen.

Colin Crouch: Wir sind politisch motivierte Menschen. Jedes Mal, wenn wir zur Urne gehen, stimmen wir wahrscheinlich gegen unsere eigenen materiellen Interessen.

Peter Engelmann: Das ist also eine zusätzliche Grundlage. Wir brauchen ein Zusammentreffen zweier Argumente: persönliche, moralische Argumente und Argumente dafür, dass kollektive Ressourcen für jeden in einer Gesellschaft wichtig sind.

Colin Crouch: Wenn man an die Allgemeinheit, die Gemeinschaft, appelliert, dann ist es wichtig, denke ich, auch diese moralischen Argumente einzubringen, sonst würde man ein öffentliches Leben voller Zynismus begünstigen, und das wäre furchterregend. Aber ich glaube, es ist gefährlich, wenn man allein von diesen abhängig wird, denn dadurch wird man angreifbar für das Argument der politischen Rechten, dass die arme Minderheit, mit der man Mitgefühl haben soll, alles faule Menschen seien: Menschen, die die Arbeit verweigern, zumeist Ausländer. In Großbritannien und in einigen anderen Ländern gibt es verstärkt die Tendenz, dass jeder, der vom Wohlfahrtsstaat profitiert, mehr oder weniger böse ist, oder dass jeder Arbeitslose sich einfach weigert zu arbeiten. Das ermöglicht es dann jenen, die kein Mitgefühl haben, den moralischen Zeigefinger zu heben?

Peter Engelmann: Die extremen Rechtsparteien in Österreich, Frankreich und Italien sind ähnlich erfolgreich …

Colin Crouch: Deswegen müssen moralische Argumente für die Notwendigkeit kollektiver Maßnahmen immer mit Argumenten verbunden werden, die das Eigeninteresse betonen, zusammen ergeben sie eine Politik der sozialen Gerechtigkeit. Vor unserer Diskussion hatte ich diesen Gedanken noch nicht entwickelt, dass ein Appell für soziale Gerechtigkeit auch immer ein Appell an unser eigenes Interesse ist, und dass dieser Appell an das Eigeninteresse mit dem Appell an unser Mitgefühl verbunden werden kann und muss. Ich hatte auch noch nicht darüber nachgedacht, welche Rolle die Frage des Risikos dabei spielt.

Peter Engelmann: Betrachten wir den Begriff der sozialen Gerechtigkeit einmal genauer. Er bezieht sich, zum Beispiel, auf die Gerechtigkeit zwischen den Generationen, zwischen den Geschlechtern, auf ökologische Gerechtigkeit und auf Gerechtigkeit auf dem Arbeitsmarkt.

Colin Crouch: Die Generationenfrage ist sehr wichtig geworden, und es gibt einige Politiker, die einen Generationskonflikt heraufbeschwören wollen, insbesondere um unsere Generation, die Rentner, auszugrenzen. 2013 gab es in dieser Debatte in England eine seltsame Stellungnahme des Bischofs von London, der unsere Generation dafür angriff, dass mittlerweile ein hoher Prozentsatz des Bruttoinlandsproduktes in unsere Renten fließt. Er sah dies nicht als rein versicherungstechnische oder demografische Frage, die in Zusammenhang steht mit der unterschiedlichen Größe der aufeinanderfolgenden Geburtskohorten, sondern als moralischen Defekt der 68er-Generation, die selbstsüchtigerweise diese Renten in Anspruch nehme und die, hätte sie auch nur ein Fünkchen Moral, auf diese verzichten würde. Das war der extremste Einwand dieser

Art, aber es gibt diesen steten Unterton. Wenn Politiker und andere über den Generationskonflikt und dabei über Renten und andere Fragen diskutieren, dann vergessen sie meines Erachtens die wechselseitige Abhängigkeit der Generationen. Wir leben in Familien, und Rentner auf das Armutsniveau herabzusetzen, das in vergangenen Jahrzehnten ihr Los war, bedeutet nur eine Belastung für ihre Familie. Jüngeren Generationen wird mit der Kürzung der Renten der älteren nicht geholfen.

Peter Engelmann: Das ist ein gutes Argument.

Colin Crouch: Es gibt dazu interessante transnationale Forschungen, die zeigen, dass die Geldflüsse von den älteren Generationen an die jüngeren gehen. Insbesondere die Arbeit von Martin Kohli über die Verhältnisse in Deutschland ist sehr interessant.[5] Er hat finanzielle Transaktionen innerhalb deutscher Familien untersucht. Quer durch alle sozialen Schichten konnte er beträchtliche Transferströme in Form von finanzieller und nichtmaterieller Unterstützung von den Älteren an die Jüngeren nachweisen. Die Richtung dieser Transferströme ändert sich erst ab einem Alter von 80 Jahren. Wir fangen erst sehr spät an, von den jungen Menschen zu nehmen. Bis dahin nehmen die Jungen von uns und als wir jung waren, nahmen wir von der Generation davor. Also gibt es eine generationsübergreifende Solidarität auf der Ebene der Familie. Das vergisst man oft bei dem Versuch, einen Generationskonflikt über Renten anzuzetteln. Nicht sehr viele Menschen würden sagen, ja, ich stimme dafür, dass meine alten Eltern arm sein sollen.

Peter Engelmann: Manche vielleicht.

Colin Crouch: Aber die meisten nicht. Solidarität in der Familie, generationsübergreifende Solidarität, ist wichtig. Tatsächlich stellt sich die Frage, wie man Renten finanzieren soll, es ist eine technische Frage, die ziemlich heikel ist. Dabei muss man auch die unterschiedlichen Geburtsraten der Generationen berücksichtigen und wenn man lange genug wartet, löst sich die Frage von selbst. Die zahlenmäßig kleinere Generation wird schließlich zur Rentnergeneration, es sind die Kinder der Boomgeneration, die arbeiten, um sie zu unterstützen. Somit denke ich, das Problem wird hochgespielt.

Peter Engelmann: Soll die Gesellschaft ausschließlich Regeln zur Anwendung bringen, die auf technische Probleme reagieren, die von Schwankungen und Veränderungen in den Verhältnissen zwischen den Generationen verursacht wurden?

Colin Crouch: Die Anhebung des Rentenalters ist völlig logisch, weil wir länger gesund bleiben. Als zu Bismarcks Zeiten das Renteneintrittsalter auf 70 angesetzt wurde, wurde das als eine Absicherung gegen das Risiko angesehen, dieses zu überleben, denn in Wirklichkeit war man damals in diesem Alter nicht mehr arbeitsfähig und starb bald. Und die Rente half, die paar Monate vor dem Ende noch zu überbrücken. Jetzt erwarten wir, noch ein Leben nach dem Renteneintritt zu haben, vielleicht sogar das Leben erst so richtig in der Rente zu beginnen! Daher ist es vernünftig, länger zu arbeiten.

Peter Engelmann: Die Linke in Frankreich unterstützt das aber nicht. Nicht nur in Frankreich. Warum ist das so, glaubst du?

Colin Crouch: Es geht hier zum Teil um Erwartungshaltungen. Ich weiß, dass Frankreich mit dem speziellen Problem konfrontiert war, dass die Arbeitgeber immer ältere Arbeitnehmer wollten. Wenn sie die Wahl haben zwischen einem 50-Jährigen und einem viel besser ausgebildeten 25-Jährigen, bevorzugen sie oft den 50-Jährigen, und dadurch fühlen sich junge Menschen ausgeschlossen.

Peter Engelmann: Das ist ja einzigartig.

Colin Crouch: Ich weiß nicht; ich habe dazu noch keine vergleichenden Forschungen gelesen, aber ich kenne französische. Im Großen und Ganzen stimmt es, dass wir höhere Rentenbeiträge und ein höheres Rentenalter akzeptieren müssen.[6] Da gibt es auch noch die Geschlechterfrage. Es herrschen noch immer große Ungleichheiten bei den Rentenansprüchen von Männern und Frauen, obwohl hier Reformen eigentlich populär sein sollten, da es mehr Wählerinnen gibt als Wähler, weil Männer jünger sterben – obwohl solche Reformvorhaben das Risiko bergen, dass man Männer älterer Generationen zum Rechtspopulismus drängt. Das geschieht soeben im Vereinigten Königreich.

Peter Engelmann: Auch in Österreich!

Colin Crouch: Du hast vorhin die Gerechtigkeit zwischen den Geschlechtern, ökologische Gerechtigkeit und Gerechtigkeit auf dem Arbeitsmarkt angesprochen. Geschlechtergerechtigkeit ist bereits seit 30 Jahren ein großes Thema und auf einer bestimmten Ebene wurden enorme Fortschritte erzielt, beim Bildungsniveau von Mädchen, der Karriere von Frauen, der Bekämpfung sexueller Ausbeutung, den Rechten von Frauen im Wohlfahrtsstaat und ihrer Teilhabe am öffentlichen Leben. Aber ich denke, da wird noch mehr passieren, nicht nur, weil Frauen im Allgemeinen noch immer schlechter bezahlt und in Familie und Wirtschaft stärker ausgebeutet werden als Männer. Ich sehe eine Zeit voraus, in der politische Agenden noch deutlicher von Frauen gestaltet werden, mit Auswirkungen, die ich noch nicht klar absehen kann. Mir ist allerdings bewusst, dass in der postindustriellen Wirtschaft mehr als 50 Prozent der Arbeitnehmer weiblich sind, im Gegensatz zur großen männlichen Mehrheit in der industriellen Gesellschaft. Ich habe einmal geschrieben[7], dass einer der Faktoren, die in der postindustriellen Gesellschaft die Demokratie schwächt, die unteren sozialen Schichten in dieser keine Interessensvertretung entwickelt haben, wie es etwa die Industriearbeiter geschafft haben. Bei dieser Argumentation habe ich die Tatsache übersehen, dass die Mehrheit dieser unteren sozialen Schichten aus Frauen besteht, und diese haben sehr wohl eine politische Agenda formuliert. Einige Auswirkungen davon machen sich bereits bemerkbar, weitere werden folgen.

Zur Frage der ökologischen Gerechtigkeit: Ist Gerechtigkeit der richtige Begriff, um Umweltfragen zu erörtern? Er ist es in zweierlei Hinsicht. Erstens ist es geografisch gesehen höchst ungerecht, dass viele Regionen in Entwicklungsländern die Konsequenzen jener Einrichtungen tragen müssen, die uns im Westen reich gemacht haben: Bangladesch wird überflutet werden, weil wir auf billigen fossilen Treibstoff bestehen. Zweitens belasten wir die kommenden Generationen mit den Umweltschäden, die wir verursachen. Wir haben keine Mittel, mit diesen Problemen fertig zu werden. Wir können die Umverteilung, die eine gerechtere Geografie erfordern würde, nicht vorhersehen, geschweige denn planen. Und es ist sehr schwer zu bestimmen, selbst mithilfe normativer Argumente, von praktischen Maßnahmen ganz zu schweigen, wie weit in die Zukunft wir für die Folgen unseres Verhaltens Sorge tragen sollen.

Gerechtigkeit auf dem Arbeitsmarkt ist wiederum leichter zu diskutieren, und es ist leichter, politische Maßnahmen dafür zu entwickeln, weil sie ein vertrautes Arbeitsfeld der Politik des 20. Jahrhunderts ist. Aber selbst hier entstehen neue Probleme, insbesondere, da der Schutz von Teilen der Arbeitnehmerschaft vor Unsicherheit oft neue Unsicherheiten bei anderen Teilen hervorzurufen scheint.

Peter Engelmann: Ich würde gerne auf die Akteure zu sprechen kommen, die die Fähigkeit haben, einen Wandel herbeizuführen, und die negative Externalitäten kontrollieren und korrigieren können. In deinem Buch *Jenseits des Neoliberalismus* untersuchst du die Sozialdemokratie, eine Bewegung, die viele von uns nur allzu schnell mit bestehenden Parteien in Verbindung bringen. Du unterscheidest aber zwischen der Bewegung und den sozialdemokratischen Parteien – warum tust du das? Abstrahierst du damit nicht? Willst du auf diese Weise nicht eine ideale Partei kreieren?

Colin Crouch: Aber nein; ich gehe da sehr pragmatisch und empirisch vor. Es gibt einen Unterschied zwischen einer Parteiführungen und einer breiter angelegten Bewegungen. Sie stehen einander misstrauisch gegenüber, das ist vernünftig und wir können das nie völlig auflösen. Wir müssen diesen Zustand des Misstrauens nur in Grenzen halten. Parteiführungen werden immer zur Ordnung rufen und eine Begrenzung der öffentlichen Debatte fordern. Gibt es eine tiefe Spaltung innerhalb der Partei, kann das ein Wahldesaster zur Folge haben. Die Parteiführungen versuchen daher immer sicherzustellen, dass die gesamte Partei eine Linie vertritt und die Balance nicht zu sehr gestört wird. Es ist die Sache von Parteien, Menschen zuzuhören, Programme zu adaptieren und dann über diese zu entscheiden. Soziale Bewegungen haben die gegenteilige Aufgabe: Sie sollen die Dinge aufzeigen, die nicht behandelt werden, Dinge, vor denen sich die Parteien fürchten. Und sie machen Lärm darum. Die Partei fürchtet, wenn sie eine zu enge Beziehung zu einer dieser Bewegungen pflegt, für Dinge beschuldigt und kritisiert zu werden, die diese Bewegung unternimmt. Also ist die Bewegung in der Lage, Dinge zu tun, die viele ungeheuerlich finden. Wenn die Bewegung eng mit der Partei assoziiert wird, wird die Partei dafür verantwortlich gemacht. Ist die Bewegung eigenständiger, kann sich die Partei distanzieren. Das ist sehr wichtig, weil es Innovation und Experimente jenseits von Wahlkonflikten ermöglicht. Die Ideen entstehen in den Bewegungen und den Think-Tanks, und die Partei kann die Reaktion der Bevölkerung abwarten und dann populäre Ideen annehmen und andere ablehnen. Es ist eine Art Markt politischer Ideen. Ist eine politische Bewegung an eine Partei gebunden, geht sie weniger Risiken ein und ist weniger innovativ. Und aus der Sicht der Bewegung ist es ähnlich: Wenn sich eine Bewegung zu sehr einer Partei annähert, versucht letztere, die Anführer der Bewegung hinüberzuziehen und bieten ihnen politische Gegenleistungen an, wenn sie sicherstellen, dass ihre Bewegung nicht zu aufmüpfig wird. Also sind beide Seiten der jeweils anderen gegenüber ängstlich eingestellt, und das ist richtig so. Sie müssen voneinander getrennt bleiben. Sie müssen begreifen, dass sie einander brauchen, aber mit dieser Distanz zueinander. Ich denke, dass diese Distanz gut ist, da es für keine der beiden Seiten von Vorteil ist, die andere einzuverleiben.

Peter Engelmann: Kommen wir auf konkrete Beispiele zu sprechen: Was ist mit internationalen Nichtregierungsorganisationen wie Amnesty International oder Ärzte ohne Grenzen – sie werden nicht gewählt, was legitimiert sie also?

Colin Crouch: Sie sind vollkommen von unserer moralischen Seite abhängig. Wir alle haben eine moralische und eine eigennützige Seite. Man spendet ja nur dann, wenn einem ihre Sache wichtig ist. Man zahlt, während man andere Dinge erledigt, weil es einem wichtig ist. Also sind diese NGOs moralische Akteure.

Peter Engelmann: Da wir Probleme heutzutage auf internationaler Ebene lösen müssen, sind internationale zivilgesellschaftliche Organisationen nicht tatsächlich sehr wichtig, um sich internationalen Konzernen oder Regierungsorganisationen entgegenzustellen? Man denke beispielsweise an die Vereinten Nationen oder an die Europäische Gemeinschaft.

Colin Crouch: Ja, das ist ein interessantes Thema: die transnationale oder globale Zivilgesellschaft. Wenn man die Welt als eine Gesellschaft betrachtet, wer sind ihre Akteure? Die größten, die erfolgreichsten und mächtigsten sind die großen transnationalen Konzerne; dann gibt es die zwischenstaatlichen Organisationen wie jene, die du gerade angesprochen hast – die OECD und so weiter. Dann sind da auch die großen Nationalstaaten, insbesondere die Vereinigten Staaten. Wenn die Mitglieder der zwischenstaatlichen Organisationen demokratische Regierungen sind, dann haben sie eine demokratische Basis, die allerdings sehr mittelbar ist. Üblicherweise interessiert sich die nationale politische Debatte nicht so sehr für das, was diese Organisationen auf internationaler Ebene tun. Die Europäische Union ist hier eine Ausnahme und ein Beispiel für den Fortschritt der internationalen Demokratie. Insgesamt ist die globale Gesellschaft ganz und gar nicht demokratisch. Sie besteht aus Konzernen und halbdemokratischen zwischenstaatlichen Einrichtungen. Allerdings bildet sich gerade der Keim einer globalen Zivilgesellschaft. Sie ist nicht demokratisch, aber populär; sie vergrößert das Spektrum der Teilnehmer über Konzernchefs und Regierungspersonal hinaus. Sie entsteht aus den Anliegen der Bevölkerung, ihre Organisationen sind sehr aktiv und innovativ und erreichen Einiges. Wenn man mit Organisationen wie Amnesty International über ihre Arbeit in Afrika spricht, dann berichten sie, dass sie früher fast ausschließlich Lobbying bei afrikanischen Regierungen betrieben oder versucht haben, diese anzuprangern, während sie jetzt dasselbe mit westlichen Konzernen machen, die in diesen Ländern tätig sind. Ich weiß nicht, ob das nun gut oder schlecht ist, aber jedenfalls ist es interessant. Sie sagen, dass man nur sehr wenig mit der Zivilgesellschaft in afrikanischen Ländern bewerkstelligen kann; die Bürger dort sind machtlos. Aber man kann ein Unternehmen bloßstellen, das Kunden in den fortgeschrittenen Ländern hat. Es gibt heutzutage viele solcher Kampagnen. Es gibt dabei insofern ein Problem, als man nie wissen kann, wie wirkungsvoll diese sind und ob Unternehmen nun die Wahrheit sagen, wenn sie behaupten, auf diese Kampagnen zu reagieren, aber sie sind auf jeden Fall insofern eine interessante Entwicklung, als dass internationale zivilgesellschaftliche Organisationen nun zwischen der lokalen oder nationalen Bevölkerung und den Konzernen agieren. Manchmal üben sie selbst Druck auf Regierungen aus, manchmal nutzen sie den Markt und lassen die

Konsumenten auf das jeweilige Unternehmen Druck ausüben. Und das ist ein neuer, reichhaltiger Bestandteil unseres politischen Lebens.

Die internationale Ebene

Peter Engelmann: Worüber wir bis jetzt noch nicht gesprochen haben, ist das Thema der negativen Externalitäten auf transnationaler Ebene. Im Kontext der Globalisierung stellen sie nämlich ein Problem dar: Selbst wenn man auf nationaler Ebene Akteure hat, die bereit sind, negative Externalitäten zu kontrollieren und zu korrigieren, nützt das auf internationaler Ebene nichts.

Colin Crouch: Nein, und im Moment gibt es ein sehr interessantes empirisches Beispiel dafür, nämlich die Vorgänge rund um eine mögliche Neuregelung des Finanzsektors. Es war schließlich die Deregulierung dieses Bereichs, der die Krise verursacht hat, und es ist ein Sektor, der global operiert. Nun haben verschiedene Regierungen Strategien für erneute Regulierung, aber während sie deren Notwendigkeit erkennen, versuchen gleichzeitig viele von ihnen sicherstellen, dass das Ausmaß ihrer Regulierungen etwas geringer ist als bei den anderen, sodass sie mehr Unternehmen anziehen. Die Briten machen das schon eine ganze Weile: Sie versuchen, ein etwas niedrigeres Regulierungsniveau als die Amerikaner zu haben.

Peter Engelmann: Also: Wettbewerb.

Colin Crouch: Ja, regulativer Wettbewerb. Bereits seit langem wurde vorhergesagt, dass die Globalisierung einen sogenannten *race to the bottom*, einen Wettlauf nach unten, bewirken würde, einen Wettbewerb um niedrigere Regulierungsstandards. Es ist aber auch wichtig anzumerken, dass dies, obwohl es in einigen Sektoren gewiss eingetreten ist – in der Textil- und Kleidungsindustrie zum Beispiel –, in vielen anderen Bereichen nicht.

Peter Engelmann: Zum Beispiel?

Colin Crouch: Qualitätsgüter allgemein. Die Tatsache, dass Deutschland, Österreich und einige andere europäische Länder immer noch mehr Exporte als Importe verzeichnen, zeigt, dass sie in der industriellen Produktion weiterhin international wettbewerbsfähig sind und zum Teil im eigenen Land produzieren. Und zwar ohne dass soziale Standards in sich zusammenbrechen. Soziale Standards wurden gesenkt, besonders in Deutschland …

Peter Engelmann: Ein deutscher Sozialdemokrat würde sagen …

Colin Crouch: … würde sagen: Nein, es hat einen totalen Zusammenbruch gegeben. Trotzdem, im Vergleich mit anderen Ländern, zum Beispiel den Vereinigten Staaten, die es tatsächlich nicht schaffen, eine positive Handelsbilanz beizubehalten, ist der deutsche Wohlfahrtsstaat immer noch stark. Er ist viel schwächer als er einmal war, aber noch immer stark. Der „Wettlauf nach unten" impliziert die Vorstellung, dass alles auf das niedrigstmögliche Niveau herabsinkt. Aber manchmal gibt es Bedarf an bestimmten bestimmten Nischenprodukten in hoher Qualität …

Peter Engelmann: Was ist in deinen Augen Qualitätsproduktion? Betrifft das die Erzeugnisse?

Colin Crouch: Die Erzeugnisse, ja. Aber damit ist auch oft der Herstellungsprozess gemeint. Nicht überall, aber in einigen Bereichen, wo hochqualifizierte Arbeitskräfte gefragt sind, wo man eine starke Infrastruktur braucht, Länder, die diese haben, haben einen Wettbewerbsvorteil. Was durch die Globalisierung geschieht, ist kein allgemeiner Wettlauf nach unten, sondern eine Art Selektion zwischen jenen Bereichen und Ländern, die in der Lage sind, den Wettbewerb auf einem höheren Niveau zu halten, und jenen, die es nicht sind. Im ersteren Fall sind Unternehmen erfolgreich, weil sie einen Standort mit starker wirtschaftlicher und sozialer Infrastruktur haben – und dadurch oft auch höhere Steuern und Löhne. Im letzteren können Unternehmen lediglich preislich konkurrieren. Es ist also kein allgemeiner Wettlauf nach unten, sondern eher eine Verlagerung der Produktionsorte. Es ist ein Wandel im komparativen Vorteil. Man sieht dies auch im Finanzsektor. Mit Ausnahme einiger Steueroasen wollen Staaten normalerweise nicht die niedrigstmöglichen Standards für Finanzmarktregulierungen, da das bedeuten würde, zum Ziel für kriminelles Geld zu werden und so sehr bald mit einer Instabilität im Bankwesen konfrontiert zu sein. Wonach Staaten oft trachten ist, ein wenig unter den Standards der anderen Staaten zu liegen, ein gutes, geordnetes System zu haben, aber einen Wettbewerbsvorteil gegenüber den anderen zu bekommen. Nun ist es natürlich per definitionem nicht möglich, dass alle Staaten Standards haben, die etwas niedriger sind als die der anderen. Obwohl es also diesen Druck gibt, niedrigere Standards als andere zu haben, gibt es auch den Druck, dieses Geschäft insgesamt zu kontrollieren. Und es sollte auch im Interesse der Banken selbst sein, ein wenig Kontrolle zu haben. Sie haben selbst erlebt, wie sehr die Krise ihrem Ruf geschadet hat.

Peter Engelmann: Wie wichtig ist ihnen ihr Ruf?

Colin Crouch: Ein schlechter Ruf kann das Geschäft letztlich zerstören.

Peter Engelmann: Das klingt für mich aber sehr optimistisch. Was ich bisher über Regulierungen gelesen habe besagt, dass die Lobbyisten oft und in der letzten Minute gewinnen und Regulierungen oder Regulierungsparagraphen aus Gesetzesvorlagen streichen, die den Banken weh tun würden. Also bin ich da pessimistischer und sehe hier keinen Grund zum Optimismus.

Colin Crouch: Ja, ich denke im Allgemeinen hast du wahrscheinlich Recht. Aber es gibt Möglichkeiten. Stellen wir uns das wirklich finstere Szenario einer unmittelbaren Rückkehr zu einem chaotischen Zustand vor, so denke ich, dass das nicht eintreten wird. Ich denke, es wird gewisse Regulierungen geben. Sie werden nicht ausreichend sein, aber wenigstens etwas. Regierungen erkennen, dass sie einander brauchen und Informationen austauschen müssen. Sie müssen zumindest wissen, was vorgeht, denn eine der wichtigen Dinge dieser jüngstenKrise war, dass am Ende niemand wusste, was sich abspielte. Nicht einmal die Banken selbst …

Peter Engelmann: Hat es niemand verstanden oder hat niemand davon gewusst?

Colin Crouch: Die Personen, die jene cleveren Spielchen spielten, die schlussendlich zur Krise führten, waren Bankmitarbeiter der mittleren Ebene, die nur ihre eigenen Erfolgschancen maximieren wollten und niemals an das System als Ganzes dachten. Die Bankenchefs waren glücklich über die erzielten Profite. Entweder verstanden sie nicht, was geschah, weil es technisch so kompliziert war, oder sie bevorzugten einfach, es nicht herauszufinden. Denn hätten sie erst einmal davon gewusst, wären sie vielleicht gezwungen gewesen zu handeln. Daher herrschte allgemeine Unwissenheit. Und die Regierungen ignorierten das Problem. Die Ratingagenturen ignorierten es. Aber auf lange Sicht hat niemand einen Vorteil von der eigenen Ignoranz.

Peter Engelmann: Aber Colin, wir wissen ja jetzt, was geschehen kann und was tatsächlich auch die Realwirtschaft beeinflusst. Jetzt zumindest wäre der Moment für strenge Regulierungsmaßnahmen, damit so etwas nie wieder passiert. Da kann ich einfach nicht tolerant sein. Ich denke in diesem Zusammenhang immer an das, was in Irland geschehen ist: Der Verlustausgleich der irischen Banken durch den Staat wurde de facto von den Alten, Kindern und Kranken bezahlt, deren Sozialleistungen zur Gegenfinanzierung in gleicher Höhe gestrichen wurden. Es war exakt die gleiche Summe, und das ist für mich ein so frappierendes Beispiel ...

Colin Crouch: Ja, Umverteilung. Infolge der Krise wurde es zur Priorität, das Einkommen der Banker zu sichern, weil das Wohl ihres Sektors als maßgeblich für die Markterholung angesehen wurde. Das ist einer der Gründe, warum wir mit dieser zunehmenden Ungleichheit konfrontiert sind. Wir befinden uns zurzeit in einem Experiment: Welche Möglichkeiten hat die globale Politik gegenüber der Macht der Banken? Für ein Urteil ist es noch zu früh. Vielleicht können wir in zwei Jahren zurückblicken, forschen und herausfinden, was da passiert ist. Im Moment wissen wir es nicht. Wir können prognostizieren. Du würdest ein Totalversagen prognostizieren; ich einige kleine Erfolge, die aber nicht ausreichen. Die Belastbarkeit des internationalen Systems wird momentan einer großen Prüfung unterzogen. Und daraus sollten wir lernen, wie ernst die Lage tatsächlich ist.

Peter Engelmann: Wir kennen die Ergebnisse dieser Regulierungsbemühungen nicht, aber wir wissen, was …

Colin Crouch: Wir wissen, was nach 2008 geschehen ist, ja. Wir wissen, was in den letzten fünf Jahren geschehen ist.

Peter Engelmann: Ich erinnere mich an die damaligen Zeitungsberichte über das Scheitern der staatlichen Maßnahmen, wo oft die Rede davon war, dass die Kluft zwischen dem, was hätte erreicht werden müssen und dem, was die Regierungen tatsächlich durchsetzen konnten, immer größer wurde. Und da standen dem Risikohandel und der Finanzspekulation wieder einmal alle Möglichkeiten offen. Wie kann eine Gesellschaft akzeptieren, dass die Bankindustrie diesen Status und so viel Einfluss hat?

Colin Crouch: Weil er ein besonderer Sektor ist. Er ist das Herzblut des Systems; Geld ist der Lebenssaft der Wirtschaft. Deswegen hat er einen höheren Status, höher sogar als jener des Energiesektors, der, nehme ich an, an zweiter Stelle steht. Eine Bedrohung des Bankensystems bedroht alles andere. Eine Bedrohung der Stahlindustrie verursacht zwar große Probleme, aber sie halten sich in Grenzen. Eine Bedrohung der Finanzindustrie breitet sich überallhin aus – wie wir gesehen haben!

Peter Engelmann: Gibt es einige einfache Maßnahmen, die man ergreifen kann? Mir wurde immer gesagt, Bill

Clintons Deregulierung, die die Fusionierung von Geschäftsbanken mit Versicherungsanstalten und Investmentunternehmen ermöglichte, sei eine der Hauptgründe für die Finanzkrise gewesen.

Colin Crouch: Ja, sie war ausschlaggebend dafür. Und man könnte in der Zeit vor Clintons Deregulierung zurückkehren! Es hat gut funktioniert.

Peter Engelmann: Ja, man könnte zurückkehren. Davor hatten wir fünfzig Jahre florierender Wirtschaft. Was war eigentlich der Grund? Klar, die Deregulierung hat den Banken ganz offensichtlich Vorteile gebracht, aber …

Colin Crouch: Sie haben jahrelang ein Wirtschaftswachstum geschaffen, das nicht wirklich existierte. Es war ein konstruiertes Wachstum. Nun war der Finanzsektor und das konstruierte Wachstum, das er produzierte, für einige Staaten nicht so wichtig – wie Österreich, Deutschland und einige andere –, aber für Großbritannien, Irland, Island, bis zu einem gewissen Grad auch für die Vereinigten Staaten (wobei dieses Land ein so großes System und nie von nur einem Sektor abhängig ist), wurde das die Hauptquelle für Wachstum. Und diese Staaten dachten, sie seien reicher als sie tatsächlich waren. Eigentlich glauben sie noch immer, sie seien reicher als sie es wirklich sind. Man kann erkennen, wie attraktiv das für Politiker ist: Man kann scheinbar eine wachsende Wirtschaft haben, da sich dieses „Falschgeld" vermehrt. Jetzt geraten Politiker, trotz der Tatsache, dass das Modell schlussendlich zusammengebrochen ist, schwer in Versuchung, alles wieder von vorne beginnen zu lassen, vielleicht mit etwas mehr Zurückhaltung. In Großbritannien hat die Regierung Mitte 2013 begonnen, Geld in den Wohnbau zu pumpen, um den Kauf eines Eigenheims zu erleichtern. Solche Aktionen beleben die Bauwirtschaft bis zu einem gewissen Grad tatsächlich, aber der Wohnbau wird nur sehr langsam angekurbelt. Wenn man viel Geld in den Wohnbau pumpt, ist das erste, was geschieht, die Inflation der Immobilienpreise. Und das ist eine beabsichtigte Vorgehensweise. In Großbritannien sind wir zunehmend davon abhängig geworden, dass der Wert unserer Immobilien jedes Jahr steigt. In den letzten paar Jahren, seit der Krise, ist das nicht mehr der Fall. Es fängt jetzt wieder an, also sind die Leute optimistisch, sie fühlen sich wieder in der Lage, Kredite aufzunehmen, weil sie glauben, ihr Haus sei um einiges mehr wert als noch vor ein paar Monaten. Und darauf wird das Wachstum in Großbritannien wieder basieren. Der IWF hat die britische Regierung bereits jetzt davor gewarnt, dass ein solcher Weg gefährlich ist. Also ja, deine Vermutung ist richtig, die Regierungen werden letztlich darin versagen, Regulierungen nicht umzusetzen.

Peter Engelmann: Also ist es ein Versagen des demokratischen Systems?

Colin Crouch: So ist es. Es ist auch ein Konflikt zwischen kurz- und langfristigem Denken. Oder kurz- und mittelfristigem.

Peter Engelmann: Siehst du ein anderes politisches System, das mit diesen Herausforderungen besser umgehen könnte?

Colin Crouch: Nein.

Peter Engelmann: Es gibt Leute, die behaupten, wir bräuchten eine Art chinesisches System, wo clevere Menschen, Politiker, wissen, was gut für das Land ist – und Entscheidungen treffen. Ich kenne Leute, die sagen, diese Systeme seien schneller in ihren Entscheidungen und Reaktionen und widerstandsfähiger. Wie reagiert man auf so ein Argument?

Colin Crouch: Das stimmt schon. Als das neue Terminal am Londoner Flughafen Heathrow errichtet wurde, wies der Architekt darauf hin, wie viel länger der Bau gedauert habe im Vergleich zu der außerordentlichen Geschwindigkeit, mit der Flughäfen in China errichtet werden, weil es so viele Einwände gegen den Bau gegeben hatte, die berücksichtigt werden mussten.Die chinesische Bevölkerung hingegen hat nicht das Recht, Einspruch zu erheben. Man opfert viel, wenn man ein Gesellschaftssystem wie das chinesische haben will. Man opfert sehr viel.

Peter Engelmann: Also ist es eine zynische Sichtweise, wenn ein Westeuropäer sagt: Ach, wir brauchen keine Demokratie?

Colin Crouch: Man könnte darauf antworten, dass das chinesische System voraussetzt, dass einer Menge Menschen der Schädel eingeschlagen wird und sie ins Gefängnis geworfen werden. Ich weiß, es gibt auch Korruption in westlichen Demokratien, aber es gibt ganz fürchterliche Korruption in China und in anderen Diktaturen, wo es sehr schwer ist für die Bevölkerung, etwas dagegen zu unternehmen, weil das Systems als erste Reaktion die Protestler ins Gefängnis steckt.

Peter Engelmann: In einer Diktatur ist Korruption notwendig, um Dinge voranzutreiben; es gibt einfach keine anderen Mittel, wie etwa demokratische Wahlen, zur Orientierung. Bei uns ist Korruption nicht integraler Bestandteil des Systems, sie ist ein externer Faktor.

Colin Crouch: Ja, sie ist für das System nicht notwendig. Es gibt auch einen interessanten Unterschied zwischen China, Pakistan und einigen anderen Ländern einerseits, wo man sich auf die Entwicklung der Leichtindustrie in unterschiedlichen Sektoren konzentriert – Textilien, Bekleidung, Spielzeug, viele kleinere Güter – und jenen Ländern andererseits, die ihre Volkswirtschaft auf dem Energiesektor aufbauen. Die Leichtindustrie bringt sehr wohl eine vielfältige Wirtschaft und viele kleine und mittlere Unternehmen hervor, und ich denke, das ist wahrscheinlich hoffnungsträchtiger für den Aufbau der Zivilgesellschaft als Erdöl und Erdgas. Russland ist hier ein besorgniserregender Fall. Es muss für Russland sehr beunruhigend sein zu sehen, wie viel mehr sich China mit der restlichen Welt einlässt. Russland entwickelt derzeit, ähnlich wie die Ölstaaten im Mittleren Osten, eine auf fossile Brennstoffe und Erdöl basierende Wirtschaft. Und das bringt eine sehr kleine, sehr reiche Oligarchie hervor.

Peter Engelmann: Das bringt das Land nicht voran.

Colin Crouch: Nein. Energieoligarchen kümmert das nicht. Und so gibt es in gewisser Weise unterschiedliche Diktaturen, was man zum Teil auf ihre unterschiedlichen Wirtschaftsmodelle zurückführen kann. Mich würde es nicht wundern, wenn sich demokratische Elemente in China stärker entwickelten als in Russland.

Peter Engelmann: Ich denke, man kann das bereits heute erkennen.

Colin Crouch: Überall, ja. Ich erinnere mich an Gorbatschows Einspruch, als China behauptete, man brauche zuerst wirtschaftliche Reformen, dann würde die Demokratie folgen. Er meinte, erst müsse Demokratie kommen, dann käme auch der wirtschaftliche Wohlstand. Leider bekam Russland die Demokratie nicht zuerst, sondern eine auf Energie gestützte Wirtschaft.

Peter Engelmann: Also kann man weder Demokratie noch Diktatur verallgemeinern.

Colin Crouch: Nein, sie sind sehr vielfältig.

Peter Engelmann: Man muss sich immer …

Colin Crouch: … auch die geschichtlichen und wirtschaftlichen Strukturen anschauen.

Peter Engelmann: Kommen wir für einen Moment auf die Globalisierung zurück: Es gibt transnationale Unternehmen, die negative Externalitäten auf transnationaler Ebene produzieren, was wiederum bedeutet, dass die Möglichkeiten, diese auf nationaler Ebene zu bekämpfen, äußerst begrenzt sind. Was sind also die Zukunftsperspektiven für diesen Bereich?

Colin Crouch: Es gibt zwei Möglichkeiten. Eine ist, Globalisierung weiterhin hinzunehmen und zu versuchen, diese transnationalen, halbdemokratischen Strukturen aufzubauen. Die andere ist, zu dem Modell der nationalen Volkswirtschaften zurückzukehren. In meinen Augen wäre letzteres ein Desaster. Es wäre eine Rückkehr zu den Verhältnissen der 1930er Jahre, wahrlich keine gute Zeit. Es würde bedeuten, dass Staaten protektionistische Handelskriege gegeneinander führen. In protektionistischen Staaten gibt es immer folgendes Muster: Die Leute werden abhängig von ihren heimischen Produzenten, was in einigen Wirtschaftsbereichen – Obst- und Gemüseanbau etwa – völlig in Ordnung ist, weil oft die Märkte lokal sind und es viele Produzenten gibt. Aber in großen Sektoren wie der Autoindustrie, dem Rundfunk, der großen Konsumgüter, bedeutet das, ausschließlich von nationalen Produzenten abhängig zu sein, was wahrscheinlich zu einer geringen Anzahl von Unternehmen führt, die keinen Anreiz haben, innovativ zu sein oder sich zu verbessern. Egal, ob staatlicher oder privater Besitz, das Ergebnis ist das gleiche. Schlussendlich sinkt die Qualität der Produkte und die Regierungen müssen Maßnahmen ergreifen, um die Menschen davon abzuhalten, andere Importwege zu finden, was wiederum ein Mehr an polizeilicher Kontrolle bedeutet: Dann gibt es Einwanderungskontrollen, klarerweise. Es gibt strengere Grenzkontrollen für Ausländer. Die Ungleichheit wächst, weil es eine produzierende Elite gibt, die alles kontrolliert. Aus irgendeinem Grund zerbricht schließlich das System und das Land muss mit nicht-wettbewerbsfähigen Produkten wieder in die Weltwirtschaft eintreten. Das ist das, was Osteuropa durchlitten hat. Auch die Beziehungen zwischen den Ländern verschlechtern sich auch, da sie untereinander weniger handeln, sie sind weniger abhängig voneinander, was bedeutet, dass das Konfliktpotenzial steigt. In meinen Augen müssen wir die Globalisierung akzeptieren und willkommen heißen. Daher müssen wir versuchen, an diesen postnationalen, transnationalen Einrichtungen zu arbeiten. Es stimmt, dass das die demokratischen Qualitäten mindert, aber ich denke, auf lange Sicht kommt es uns teurer zu stehen, wenn wir versuchen, nationale Demokratien zu erhalten und uns der Globalisierung zu widersetzen, sind höher.

Peter Engelmann: Welche Handlungsmöglichkeiten, welche organisatorischen Mittel haben die Menschen in solch einer globalisierten Wirtschaft?

Colin Crouch: Nun, es gibt sie! Sie sind zwar gering, aber je akuter die Probleme werden, desto mehr werden sich die Menschen organisieren. Wie wir bereits besprochen haben, gibt es in einigen Sektoren interessante Gruppierungen aus internationalen Gewerkschaften, verschiedenen Lobbyinggruppen und Kampagnen, insbesondere im Textil- und Bekleidungsbereich, die sich für eine Verbesserung der Zustände in den Entwicklungsländern einsetzen. Es gibt einige einfache Dinge, die internationale Arbeitnehmerorganisationen bewirken können, wie etwa Gesetze gegen Sklaverei und Kinderarbeit und Arbeitszeitrichtlinien. Es ist durchaus möglich, dafür zu kämpfen.

Peter Engelmann: Sind dies die Kernthemen einer neuen politischen Organisation, einer neuen politischen Kraft, die in zehn Jahren vielleicht schon die Norm sein könnte?

Colin Crouch: Das würde ich gerne glauben. Es ist harte, langwierige Arbeit und es ist schwierig, die ganze Zeit gegen die Mächtigen zu kämpfen. Aber es gibt diese politische Kraft! Vor fünfzehn Jahren gab es sie nicht, heute schon. Sie ist schwach, aber sie existiert, und das ist der erste Schritt: zu existieren. Da ist noch etwas anderes, wir im Westen haben lange Zeit die Globalisierung als etwas betrachtet, das unsere Jobs nach China und Pakistan und in andere Länder verfrachtet, Länder mit fürchterlichen Arbeitsbedingungen, mit denen wir nicht konkurrieren können, wodurch wir dann gezwungen wären, deren Güter zu kaufen, was unsere eigene Wirtschaft schließlich in den Ruin treiben würde. Jetzt sehen wir aber, dass wir ganz schön Gas geben müssen:

Mittlerweile ist die Nachfrage nach westlichen Produkten in der neuen Mittelschicht in China und anderen Erdteilen hoch und allmählich fließt Geld herein. Nach und nach wird die Welt dank dieser Entwicklung reicher und das wird ein wechselseitiger Prozess. Zu sagen, stoppt die Globalisierung, meint in Wahrheit zu sagen, ihr da in Asien und Afrika, ihr werdet für immer in Armut leben. Wir werden mit euch nicht handeln und ihr werdet nicht ausreichend Kapazitäten haben, um untereinander zu handeln. In meinen Augen bringt der Globalisierungsprozess dem Westen in Wahrheit Vorteile …

Peter Engelmann: Ich erinnere mich an die 1970er und 1980er Jahre, die Lebensbedingungen der Armen verbessern wollten. Jetzt macht die Globalisierung dies möglich.

Colin Crouch: Langsam. Sehr langsam, aber es kann einfach nicht schnell gehen.

Peter Engelmann: Insbesondere einige Gewerkschaften sind gegen die Globalisierung. Bedeuten deine Ausführungen nicht, dass soziale Kräfte, Parteien und Gewerkschaften, die behaupten, für soziale Gerechtigkeit zu kämpfen, sich in dieser globalisierten Welt verändern müssen?

Colin Crouch: Ja, damit hast du einen sehr wichtigen Punkt angesprochen, der den Kern vieler aktueller Probleme trifft. Ein Bespiel ist die IG Metall in Deutschland, die die Globalisierung wirklich weitgehend akzeptiert hat. Dies bedeutet, dass sie sich neu organisiert hat und mit der Neuorganisation der Arbeit einverstanden ist, sodass der qualitativ hochwertige Teil der Produktion in Deutschland verbleibt. Und die Mitglieder der IG Metall haben gute Gehälter und sichere Arbeitsplätze. Die geringer qualifizierten und geringer entlohnten Jobs wandern in die Tschechische Republik oder in weiter entfernte Länder ab. Dies bewahrt die Rolle der deutschen Metallarbeiter. Mit einer wesentlich kleineren Arbeiterschaft, klarerweise. Nun muss man fragen: Was passiert mit all den anderen? Sie finden Arbeit, Arbeit in verschiedenen Dienstleistungssektoren, aber es war nur möglich, diese Arbeitsplätze zu schaffen, indem man außerhalb des Industriesektors eher schlechte Arbeitsbedingungen hatte.

Peter Engelmann: Das sehen wir in Deutschland mit der Agenda 2010. Was sollen wir also davon halten?

Colin Crouch: Es läuft alles darauf hinaus, dass sich die Arbeitnehmer in diesen Sektoren gewerkschaftlich organisieren müssen. Fritz Scharpf hat das vor einigen Jahren analysiert.[8] Er wies darauf hin, dass das fordistische Produktionsmodell Arbeitskräfte mit geringer Produktivität ein gesichertes Leben und einen angemessenen Lebensstandard garantierte. Dasselbe galt für bestimmte Arbeitsplätze im öffentlichen Dienst – Parkwächter, Straßenkehrer, diese Arten von Beschäftigung. Das waren zwei relativ sichere Beschäftigungsformen für Menschen, die nie in der Lage sein würden, ein hohes Einkommen zu erzielen. Eine Sache, die mit dem Produktionswandel einhergeht, ist es nun, dass diese Jobs mit geringem Qualifikationsniveau im Herstellungssektor …

Peter Engelmann: … nach China oder in andere Länder abwandern.

Colin Crouch: Ja. Und jetzt haben wir aufgrund des Drucks auf den öffentlichen Haushalt einen Punkt erreicht, wo wir die Effizienz im öffentlichen Sektor steigern müssen, wodurch auch diese Arbeitsplätze mit niedriger Produktivität verloren gehen. Es hat bei den öffentlichen Dienstleistungen eine erhebliche Produktivitätssteigerung gegeben, und das ist begrüßenswert, bedeutet aber auch, dass diese beiden Hauptquellen für eine sichere Beschäftigung von Arbeitskräften mit geringer Produktivität immer kleiner werden. Sie finden zwar immer noch Arbeit, da es noch genügend offene Stellen dieser Art gibt, die vor dem globalen Wettbewerb geschützt sind, nämlich in vielen Bereichen von persönlichen Dienstleistungen, aber sie bringen nicht die Sicherheit mit sich, die das fordistische Modell und der öffentliche Dienst boten. Das fordistische Modell bot Sicherheit, weil es Produktivität durch die technologische Unterstützung der Massenproduktion erzielte; und der öffentliche Dienst, weil kein großer Druck auf dem öffentlichen Haushalt lag. Die neuen Bereiche der persönlichen Dienstleistungen bieten oft höchst instabile Arbeitsverhältnisse. Das ist eine große Herausforderung: Wie finden wir Wege, um den Menschen, die in diesem Sektor arbeiten, Sicherheit zu geben? Zum Teil kann man das durch einen starken Wohlfahrtsstaat erzielen, wie ihn die alte Theorie des Wohlfahrtsstaates konzipiert, was derselben die fortwährende Bedeutung untermauert, dass man für die wirklich wichtigen Dinge im Leben, wie Bildung, Gesundheit, Sozialwesen, nicht auf einen festen Arbeitsplatz und ein festes Einkommen angewiesen ist, weil man als Bürger ein Recht darauf hat. Des Weiteren brauchen wir eine starke Arbeitslosenunterstützung, weil diese Menschen prekäre Arbeitsverhältnisse haben und daher oft (unverschuldet) ihre Arbeit verlieren und sich eine neue suchen müssen. Dies ist eine der schlechten Entwicklungen, die die Reformen in Deutschland mit sich gebracht haben: die Verringerung der Qualität und der Höhe der Arbeitslosenunterstützung. In Großbritannien haben wir mit einer Maßnahme experimentiert, die sehr einfallsreich, aber auch gefährlich ist, und zwar mit der Einkommensunterstützung für die *working poor*, die arbeitenden Armen: Steuergutschriften, die praktisch Lohnkostenzuschüsse sind. Es ist eine gefährliche Maßnahme, weil sie den Arbeitgebern einen Anreiz bietet, die Löhne zu senken. In Großbritannien gibt es allerdings auch einen Mindestlohn, den Arbeitgeber nach wie vor zahlen müssen.

Peter Engelmann: Das wollte ich gerade sagen: Wenn man einen Mindestlohn einführt, kann man das aufhalten.

Colin Crouch: Nicht ganz aufhalten, weil man beim Mindestlohn aufpassen muss, dass man ihn nicht zu hoch ansetzt, damit er nicht zu Arbeitslosigkeit führt. Es ist besser, die Menschen haben geringvergütete Arbeitsstellen als sie sind arbeitslos. Aber dann kann diese Schere entstehen, wie jetzt in Großbritannien, zwischen dem gesetzlichen Mindestlohn und dem, was wir den *living wage* nennen. Der *living wage* ist eine sehr subjektive Angelegenheit; er ist das, was wir als hinreichendes Einkommen für ein akzeptables Leben erachten. Es scheint, als wäre der Lohn, der dies sicherstellt, in Großbritannien derzeit höher als ein Mindestlohn, der Arbeitgeber davon abhalten würde, Arbeitsplätze zu besetzen. Wie schließt man diese Schere? Teilweise durch Kampagnen, die Arbeitgeber so bloßstellen, dass sie den *living wage* zahlen, aber in einigen Sektoren werden sie dazu nicht in der Lage sein, wenn sie weiterhin Profit erzielen wollen. Man wendet daher Steuergutschriften an, die das Einkommen der Arbeitnehmer auf ein Niveau bringt, das man mit Marktlöhnen nicht erreicht. Das ist problematisch, weil es bedeutet, private Arbeitgeber zu subventionieren, aber es könnte der Preis sein, den wir zahlen müssen, um Arbeitslosigkeit zu verhindern.

Peter Engelmann: Jetzt gelangen wir zur wirklich interessanten Frage: In Deutschland gibt es Leute, die behaupten, das Land sei deshalb so gut gestellt, weil es Hartz IV gegeben hat, und andere, die behaupten, es sei eine schlechte Maßnahme gewesen, weil dadurch die Kaufkraft geschwächt worden sei.

Colin Crouch: Es ist eine echte Debatte und es ist eine wirklich schwierige, denn das deutsche Beschäftigungsniveau und die deutsche Erwerbtätigkeitsquote sind stark gestiegen. Aber das ist nicht alles auf Hartz IV zurückzuführen. Es hat auch mit der Erholung des deutschen Exportsektors zu tun und damit, dass Deutschland endlich das schafft, was alle erwartet haben: Es profitiert von der EU-Erweiterung, weil es Güter in zentraleuropäische Länder exportiert.

Peter Engelmann: Ja, aber auch davon, dass es dem britischen Vorbild nicht gefolgt ist, also keine Dienstleistungsgesellschaft geworden ist, sondern versucht hat, die Mittelstandindustrie zu halten. Und das macht sich jetzt bezahlt, denke ich.

Colin Crouch: Ja, es ist also nicht alles wegen Hartz IV. Durch die Hartz IV-Reformen ist ein ziemliches Dilemma entstanden, weil sie zwar geholfen haben – sie haben zum Anstieg der Beschäftigung beigetragen –, aber um den Preis einer zunehmenden Ungleichheit in Deutschland.

Peter Engelmann: Ich weiß nicht. Du kennst die Statistiken besser als ich, aber kann es nicht sein, dass durch die Hartz IV-Kürzungen weniger Geld generiert wurde, als die Banken durch die Rettungspakete erhielten?

Colin Crouch: Das kann sein.

Peter Engelmann: Warum also überhaupt Hartz IV, wenn es für uns so einfach ist, die Verluste dieser zerstörerischen Banken zu tilgen?

Colin Crouch: Weil Deutschland immer noch ein Staatsdefizit hat. Die Errungenschaft von Hartz IV war nicht so sehr die Senkung der Staatsausgaben, sondern, dass es Beschäftigung von Menschen attraktiv und Arbeitslosigkeit für sie unattraktiv gemacht hat.

Peter Engelmann: Sind das alles Strategien, um mit der Globalisierung zurechtzukommen?

Colin Crouch: Ganz richtig, und es ist ein sehr langer, fortlaufender Prozess, der noch viele Jahre dauern wird. Und dieser Anpassungsprozess wird im Leben vieler Menschen zu Störungen führen. Daher komme ich auf meine eingangs aufgestellte These zurück: Es werden gerade neue Märkte geschaffen – eine zunehmende Vermarktlichung der Welt – und mit den positiven Auswirkungen dieses Prozesses kommen auch die negativen Konsequenzen. Wir brauchen Maßnahmen, die auf diese Störungen reagieren können.

Peter Engelmann: Ausgehend davon, dass wir auf die Marktwirtschaft nicht verzichten wollen oder sollen, brauchen wir aber Strategien, die uns vor den Märkten schützen.

Colin Crouch: Nun, um den Anpassungsprozess zu erleichtern, um uns bei der Anpassung zu helfen, um uns auch weiterhin ein gutes Leben dabei zu ermöglichen.

Peter Engelmann: Ich stimme dir zu, es wäre falsch, sich diesem Wandel zu verwehren, wie man an der Entwicklung des ehemaligen Ostblocks sieht. Er verlor jegliche Flexibilität.

Colin Crouch: Es gibt weitere Beispiele, und nicht alle in Diktaturen. Auch einige lateinamerikanische Länder und auch Indien verfolgten eine protektionistische Politik, die von einer wirksamen Entwicklungstheorie gestützt wurde, den Theorien des deutschen Ökonomen Friedrich List[9], der als Vater vieler Ideen gilt, die im 19. Jahrhundert zum wirtschaftlichen Erfolg Preußens und dann Deutschlands geführt haben. Er vertrat die Meinung, dass der Aufbau moderner wirtschaftlichen Kapazitäten Zeit brauche. Ist man sofort für den Handel offen, importiert man nur die qualitativ hochwertigeren Güter aus anderen Ländern und entwickelt daher nie eigene Kapazitäten. Also ein Protektionismus, der es möglich machte, eine eigene Industrie aufzubauen. Nun funktionierte das im Preußen des 19. Jahrhunderts, aber nicht im Lateinamerika oder Indien des 20. Jahrhunderts. Was man bekam war Protektionismus ohne viel Entwicklung. Und ich denke, der Grund dafür war, dass es in Preußen ein weiteres Projekt gab, nämlich den Aufbau der Militärmacht des preußischen und dann des deutschen Staates. Der Staat nutzte sehr starke Anreize um sicherzustellen, dass die industrielle Modernisierung stattfand, insbesondere bei Eisen und Stahl, also in der für die Herstellung militärischer Ausrüstung und Waffen wichtigen Schwerindustrie. In den anderen Ländern gab es kein wichtiges nationales Projekt, und so kam es dazu, dass viele Geschäftsinhaber, nachdem einmal die protektionistische Mauer aufgezogen war, ihr Leben einfach genießen konnten, weil sie Waren für eine Bevölkerung produzierten, der es nicht möglich war, diese woanders zu kaufen. Und dann fingen diese Unternehmer an, die Politik zu kontrollieren. Um dem Modell von List folgen zu können braucht man starke Anreize, an denen der Elite etwas liegt – zum Beispiel einen Krieg. Hat man diese Anreize nicht und ist die Demokratie zudem noch sehr schwach, dann entsteht sehr schnell ein System mit qualitativ minderwertigen Gütern und einer ineffizienten Produktion.

Peter Engelmann: Ist das der Grund, warum die Vereinigten Staaten heutzutage immer stärker werden? Denn genau das machen sie ja: Sie produzieren und entwickeln militärische Güter und führen überall auf der Welt Krieg. Beginnt so das Ende eines Reiches? Preußen endete in einer Katastrophe.

Colin Crouch: Das späte 20. und das 21. Jahrhundert unterscheiden sich vom 19. Insofern, als die Bandbreite der Industrien, die für ein militärisches Projekt relevant sind, viel größer ist und es daher Ableger in anderen Produktionssparten gibt. Die gesamte IT-Industrie entstand aufgrund der Nachfrage der CIA. Sieh dir das Internet an: Das war ursprünglich kein Projekt von privaten Unternehmern. Es war anfangs ein kleines Projekt, die CIA und ein paar Universitäten versuchten, Kommunikationssysteme zu entwickeln, die unabhängig von einer zentralen Kommandostelle waren, die in einer Kriegssituation leicht außer Kraft gesetzt werden konnte, aber schlussendlich lieferte es uns diese wunderbaren Produkte, die wir heute alle benutzen. Aber was im Fall der Vereinigten Staaten interessant ist, ist die Tatsache, dass der Staat eine viel größere Rolle in der Risikotragfähigkeit spielt, als uns bewusst ist, nämlich in der unternehmerischen Risikotragfähigkeit, durch die Bereitstellung großer Geldsummen für Luftfahrt, Petrochemie, Informationstechnologien. Gewaltige Regierungsprojekte, üblicherweise mit einem militärischen

Hintergrund, waren für die wirtschaftliche Dynamik der Vereinigten Staaten immer schon sehr wichtig.

Peter Engelmann: Aber sie beschuldigen uns Europäer, den Markt zu verzerren, weil wir die Luftfahrtindustrie subventionieren.

Colin Crouch: Das ist Teil der Ungerechtigkeit der Welt. Zum Teil liegt es daran, dass die Amerikaner das Militär nicht als Teil des Staates betrachten. Es gibt ein sehr gutes Buch zu diesem Thema, das soeben veröffentlicht wurde, von einer italienischen Ökonomin, die in England arbeitet, Mariana Mazzucato, mit dem Titel *The Entrepreneurial State*.[10] Darin geht es nicht nur um die Vereinigten Staaten, sondern auch um einige europäische Staaten. Die Autorin zeigt die Rolle auf, die der Staat in der Abfederung unternehmerischen Risikos gehabt hat. Der Staat entwickelt zwar keine Produkte, weil er über die Fähigkeit zu Innovation nicht verfügt, aber er stellt das Geld zur Verfügung. Ohne solch intensive Beteiligung des Staates hätten Unternehmer niemals den Mut gehabt, die immensen Summen aufzubringen, die für die Entwicklung bestimmter wichtiger Sektoren nötig waren. Das ist sicherlich Teil der amerikanischen Erfolgsgeschichte.

Peter Engelmann: Wie beeinflussen transnationale und amerikanische Unternehmen also unsere Entwicklung in Europa?

Colin Crouch: Offensichtlich ganz erheblich.

Peter Engelmann: Sie haben offensichtlich andere Wertesysteme, andere politische Systeme, eine andere Einstellung zu sozialer Fürsorge Auffassung davon, wie man diese umsetzt. Aber gleichzeitig sind die Vereinigten Staaten auf der weltwirtschaftlichen Ebene sehr einflussreich; viele transnationale Firmen haben ihre Wurzeln in Amerika. Also hat dieses Land großen Einfluss auf den Rest der Welt.

Colin Crouch: Ja, das entspricht meiner Hypothese zu Netzwerkexternalitäten. Das ist noch so ein Wirtschaftsterminus, der seltsam klingt, der aber etwas bezeichnet, das man sehr leicht verstehen kann. Man stelle sich zwei Unternehmen vor, die beide ein neues Produkt herstellen – sagen wir eine neue Art Mobiltelefon. Das Produkt des Unternehmens A ist schlechter – oder zumindest nicht besser – als das des Unternehmens B, aber Unternehmen A besitzt zusätzlich ein großes Netzwerk von Geschäften für IT-Zubehör, während Unternehmen B über kein solches Netzwerk verfügt. Das Produkt des Unternehmens A wird schlussendlich den Markt beherrschen und wahrscheinlich sogar das Produkt des Unternehmens B verdrängen, obwohl dieses von vielen Leuten bevorzugt wurde. Das Netzwerk von Geschäften gehört ja eigentlich nicht zum Produkt selbst, gab aber dem Produkt einen Marktvorteil. Die Vereinigten Staaten stehen im Mittelpunkt wichtiger und höchst vielfältiger Netzwerkexternalitäten durch Sprache und Kultur, Mode, ihre militärische Vorherrschaft, ihrer Fähigkeit, dank der Rolle des Dollars die Spielregeln des globalen Finanzsystems zu bestimmen und auch zu überwachen.

Peter Engelmann: Weit mehr als diese zu überwachen, wie wir heute wissen.[11]

Colin Crouch: Ja, in der Tat. Es ist auch keine Überraschung, dass die Vereinigten Staaten wirtschaftlich so erfolgreich sind. Ich meine, es wäre auch sehr befremdlich, wenn eine so mächtige Wirtschaft nicht auch erfolgreich wäre. Wenn die amerikanische Filmindustrie ihre Filme nicht verkaufen könnte, nachdem sie doch die kulturelle Wahrnehmung der ganzen Welt beeinflusst hat – das wäre ein echtes Desaster! Aber ein großes Problem besteht darin, dass die Vereinigten Staaten das einzige Beispiel für eine Demokratie sind, in der zwar sehr große Ungleichheit herrscht, in der es eine sehr geringe Sozialversorgung gibt und dürftige Arbeitnehmerrechte, die aber auch höchst erfolgreich ist. Seit den 1990er Jahren bis vor ein paar Jahren – das hat sich seit der Krise geändert – haben Neoliberale uns immer wieder eingebläut: Schaut her, die Vereinigten Staaten sind erfolgreich – und sie haben keinen starken Wohlfahrtsstaat oder starke Arbeitnehmerrechte. Sie haben aber nie gesagt: Ach ja, und übrigens haben sie diese Netzwerkexternalitäten, die sie unterstützen. Die osteuropäischen Staaten, die sich Amerika nun zum Vorbild nehmen, sind relativ erfolgreich mit niedrigen Löhnen und so weiter, aber sie werden damit wohl nicht in die Qualitätsproduktion aufsteigen. Estland wird niemals auf nennenswerte Netzwerkexternalitäten zurückgreifen können. Und daher liegt das Problem des amerikanischen Modells meiner Ansicht nach darin, dass man aus diesem Bezug auf Sozialpolitik Schlüsse gezogen hat, die nicht zulässig waren. Seit dem Finanzcrash ist man sich dessen bewusster. Damals hat man ja gesehen, wie sehr die amerikanische Wirtschaft von diesem falschen Finanzmodell abhängig war. Die Sichtweise wurde revidiert; man ist nun eher bereit, die nordwesteuropäischen Ökonomien als Modelle anzusehen, das war eines der wichtigsten Ergebnisse der Krise: Ein Perspektivenwechsel bei der OECD, dem IWF und der Weltbank in Bezug auf die nordwesteuropäischen Ökonomien.

Peter Engelmann: Colin, vielen Dank für das Gespräch.

Editorische Notiz

In seinem Buch *Jenseits des Neoliberalismus* entwickelt Colin Crouch nach seinen Überlegungen zur Krise der Demokratie und einer Kritik neoliberaler Wirtschaftspolitik nun die wirtschafts- und gesellschaftspolitischen Schlussfolgerungen daraus. Welche Wirtschaftspolitik, welche Gesellschaftspolitik brauchen wir, um aus der Krise herauszufinden, die eine einseitige, zu eng gefasste neoliberalere Wirtschaftspolitik verursacht hat?

Schon dieses erste Buch von Colin Crouch im Passagen Verlag, *Jenseits des Neoliberalismus*, ist als Antwort auf die vielen Fragen entstanden, die ich Colin Crouch in unseren Diskussionen um die aktuelle gesellschaftliche Krise gestellt habe. Es bot sich an, dieses Moment fruchtbarer Gesprächskultur für einen neuen Band in unserer Reihe *Passagen Gespräche* zu nutzen, den wir nun vorlegen.

Die in diesem Band enthaltenen Gespräche führten Colin Crouch und ich im Mai 2013 anläßlich der Präsentation von *Jenseits des Neoliberalismus* in Wien. Unsere Themen kreisten wie im vorgestellten Buch um überlebenswichtige Fragen und Perspektiven unserer westlichen Gesellschaft. Wir versuchten, die Antworten dieses Buches zu ergänzen, zu erweitern und zu vertiefen.

Im Unterschied zu Alain Badiou, der in *Philosophie und die Idee des Kommunismus*, dem ersten Band der Reihe *Passagen Gespräche*, die Revitalisierung der Idee des Kommunismus als Antwort auf die gesellschaftliche Krise vorschlägt, formuliert Colin Crouch eine systemimmanente Alternative. Colin Crouch steht der wirtschaftlichen und gesellschaftlichen Entwicklung der westlichen Demokratien bestimmt nicht weniger kritisch gegenüber als Alain Badiou oder andere linke Kritiker. Im Unterschied zu ihnen hält er jedoch eine marktwirtschaftliche Wirtschaftsordnung angesichts der historischen Erfahrungen mit allen Formen von politisch dominierten Wirtschaftsordungen für die geeignetere Form, die gesellschaftliche und wirtschaftliche Krise zu überwinden. Mit konkreten Vorschlägen wendet er sich einerseits an die Zivilgesellschaft, andererseits an die Sozialdemokratie, die Crouch als Akteur einer neuen Wirtschafts-, Finanz- und Sozialpolitik anspricht. Im vorliegenden Band plädiert Crouch für eine freie Marktwirtschaft, die durch staatliche und zivilgesellschaftliche Maßnahmen reguliert wird. Er liefert eine Diagnose der gegenwärtigen politischen und sozioökonomischen Situation und zeigt auf, warum die Wahlfreiheit als Grundbedingung einer funktionierenden Marktwirtschaft immer an Regulierungsinstanzen gekoppelt sein muss, um Monopolisierungsprozessen entgegenzuwirken.

Bei unserer Diskussion ging es aber nicht nur um ökonomische und finanzwissenschaftliche Themen, sondern um die diese Themen übersteigende grundlegende Frage nach dem Verhältnis von Markt und Moral. Es ging also um die Frage, wie, nach welchen Regeln und Normen wir unsere Gesellschaft gestalten – eine Frage, die auch das Generalthema unserer Reihe *Passagen Gespräche* ist.

Abschließend möchte ich an dieser Stelle Eva Luise Kühn und Georg Bauer für die Redaktion des Gesprächs und Markus Mittmansgruber für das Lektorat danken. Mein besonderer Dank gilt hier auch Colin Crouch, der die Transkription unserer beiden Gespräche noch einmal unter die Lupe nahm, akribisch überarbeitete und mit zahlreichen Endnoten versah, stets im Interesse der Leserinnen und Leser. Zugunsten der Lesbarkeit wurde in der deutschen Übersetzung auf gendergerechte Formulierungen verzichtet.

Anmerkungen

Erstes Gespräch

1 Für eine exzellente Auseinandersetzung mit diesem Thema, siehe Giuliano AMATO, *Antitrust and the Bounds of Power*. Oxford: Hart, 1997.

2 Für den *locus classicus* des Begriffs der Kollektivmaßnahmen und dessen Probleme, siehe Mancur OLSON, *The Logic of Collective Action*. New Haven: Yale University Press, 1965.

3 Alain BADIOU, *Philosophie und die Idee des Kommunismus. Im Gespräch mit Peter Engelmann*. Wien: Passagen, 2013.

4 Ralf DAHRENDORF, *Betrachtungen über die Revolution in Europa*. Stuttgart: Deutsche Verlags-Anstalt, 1991, S. 40.

5 Siehe, zum Beispiel, Gary BECKER, *A Treatise on the Family* [1961]. Cambridge, MA: Harvard University Press, 1991.

6 Colin CROUCH, „Towards a Normative Theory of Corporate Power", in Bernhard EBERLEIN und Volker SCHNEIDER (Hg.), *Varieties, Crises and Innovations of Democracy. Essays in Honour of Gerhard Lehmbruch*. Berlin: Springer, 2014.

7 Colin CROUCH, *Das befremdliche Überleben des Neoliberalismus*. Berlin: Suhrkamp, 2011.

8 Die Hauptvertreter dieser Position waren Robert BORK (*The Antitrust Paradox. A Policy at War with Itself*. 2nd ed. New York: Free Press, 1993 [1978]) und Richard POSNER (*Antitrust Law*. 2nd ed. Chicago: University of Chicago Press, 2001).

9 OECD, *Public Administration after „New Public Management"*. Paris: OECD, 2010.

10 Friedrich August von HAYEK, *Die Verfassung der Freiheit*. Tübingen: Mohr-Siebeck, 1971.

11 Um nachzulesen, wie das *lex mercatoria* im neoliberalen Denken verwendet wird, siehe Paul MILGROM, Douglass NORTH und Barry WEINGAST, „The Role of Institutions in the Revival of Trade. The Medieval Law Merchant, Private Judges, and the Champagne Fairs", *Economics and Politics*, 2, 1: S. 1–23, 1990. Ein fundierter Bericht über moderne Anwendungen des Konzepts findet sich in Claire CUTLER, „Globalization, the Rule of Law, and the Modern Law Merchant. Medieval or Late Capitalist Associations?", *Constellations. An International Journal of Critical and Democratic Theory*, 8, 4: S. 480–502, 2001.

12 Mechanismen dieser Art verbergen sich hinter den Institutionen, die informell Gemeinschaftsinteressen vollstrecken, und wurden von der kürzlich verstorbenen Politikwissenschaftlerin Elinor OSTROM untersucht: *Die Verfassung der Allmende. Jenseits von Staat und Markt*. Tübingen: Mohr, 1999. Für eine ausführliche Auseinandersetzung mit informellem institutionellen Vertrauen und wie es auf moderne Gesellschaften umgemünzt wird, siehe Henry FARRELL, *The Political Economy of Trust. Institutions, Interests, and Inter-Firm Cooperation in Italy and Germany*. Cambridge: Cambridge University Press, 2009.

13 Max WEBER, *Wirtschaft und Gesellschaft*. Tübingen: Mohr, 1922.

14 Ronald COASE, „The Problem of Social Cost", *Journal of Law and Economics*, 3: S. 1–44, 1960.

15 Benedict ANDERSON, *Zur Erfindung der Nation. Zur Karriere eines Erfolgreichen Konzepts*. 3. Auflage. Frankfurt: Campus, 2005; Rebecca LANGLANDS, „Britishness or Englishness? The Historical Problem of National Identity in Britain", *Nations and Nationalism*, 5, 1: S. 53–69, 1999.

16 Citizens United versus Federal Election Commission, 558 U.S. 310, 2010.

17 Michael J. SANDEL, *Was man für Geld nicht kaufen kann. Die moralischen Grenzen des Marktes*. Berlin: Ullstein, 2012.

18 Freie Berufe und *free professions* bezeichnen nicht exakt dasselbe, da der deutsche Begriff eine präzisere juristische Definition und einen formalen Status hat. Die Grundidee ist jedoch dieselbe: gemeint sind jene Berufe, die geschichtlich betrachtet selbstorganisierend waren, die aber heute mehr und mehr einer üblicherweise vom Staat veranlassten Verwaltungskontrolle unterstehen. Dieser Prozess ist im Vereinigten Königreich vermutlich viel weiter fortgeschritten als in Deutschland und Österreich.

19 Eine gute Abhandlung über Initiativen rund um dieses Thema bietet der Artikel „Global capital strategies and trade union responses. Collective bargaining and transnational trade union cooperation", Sonderausgabe der *International Journal of Labour Research*, 1, 2, 2009.

20 Max WEBER, *Politik als Beruf.* München und Leipzig: Duncker und Humblot, 1919.

21 Im Mai 2013 gab es in Istanbul auf dem Taksimplatz und in seiner Umgebung heftige Straßenproteste. Ausgelöst durch einen Protest gegen städtebauliche Maßnahmen in einer öffentlichen Parkanlage, weiteten sich die Proteste auf zahlreiche Beschwerden gegen die Regierung aus, vor allem, nachdem der Staat die Unruhen mit polizeilicher Gewalt beenden wollte. Es gab Tote und Folterungen. Die Demonstranten wurden in den Formen des Protestes zur Verhinderung polizeilicher Eingriffe immer erfindungsreicher – manche blieben einfach still stehen –, jedoch ohne Erfolg.

Zweites Gespräch

1 Amartya SEN, „Capability and Well-Being", in: Martha NUSSBAUM und Amartya SEN (Hg.), *The Quality of Life,* New York: Clarendon Press, 1993, S. 30–53; *The Idea of Justice,* Cambridge, MA: The Belknap Press, 2009.

2 Martha NUSSBAUM, „Non-Relative Virtues: An Aristotelian Approach", in: Martha NUSSBAUM und Amartya SEN (Hg.), *The Quality of Life,* a. a. O., S. 242–269; *Women and Human Development. The Capabilities Approach.* Cambridge: Cambridge University Press.

3 Siehe auch die Auseinandersetzung mit der Rezeption des aristotelischen Begriffs im Europa der Frühen Neuzeit in Peter HALLBERG und Björn WITTROCK, „From Koinonia Politikè to Societas Civilis. Birth, Disappearance and First Renaissance of the Concept", in: Peter WAGNER (Hg.), *The Languages of Civil Society.* Oxford und New York: Berghahn Books, 2006.

4 Ein wichtiges Ergebnis seiner Forschung für die aktuelle Diskussion ist: Jürgen KOCKA, „Civil Society in Historical Perspective", *European Review*, 12, 1: S. 65–79, 2004.

5 Martin KOHLI, „Intergenerational Transfers and Inheritance: A Comparative View“, in: Merril SILVERSTEIN (Hg.), *Intergenerational Relations across Time and Place. Annual Review of Gerontology and Geriatrics.* New York: Springer, 2004, S. 266–289. Siehe auch die allgemeineren Auseinandersetzungen in Sara ARBER und Claudine ATTIAS-DONFUT (Hg.), *The Myth of Generation Conflict. Family and state in ageing societies.* London: Routledge, 2000.

6 Dieses Gespräch fand statt, bevor die SPD eine Herabsetzung des Rentenalters in den Koalitionsverhandlungen 2013 forderte.

7 Colin CROUCH, *Postdemokratie*. Berlin: Suhrkamp, 2008.

8 Fritz SCHARPF, *Regieren in Europa. Effektiv und demokratisch?* Übersetzt von Christoph SCHMID. Frankfurt: Campus, 1999.

9 Friedrich LIST, *Das nationale System der politischen Ökonomie* [1841]. Baden-Baden: Nomos, 2008.

10 Mariana MAZZUCATO, *The Entrepreneurial State: Debunking Public vs. Private Sector Myths.* London: Anthem Press, 2013.

11 Zur Zeit des Gespräches hatte der amerikanische Whistleblower Edward Snowden Details über die weltweiten Überwachungspraktiken des US-Geheimdienstes NSA enthüllt.